Reinhard May
Humes Moralphilosophie unter chinesischem Einfluss

Reinhard May

Humes Moralphilosophie
unter chinesischem Einfluss

 Franz Steiner Verlag

Umschlagabbildung: David Hume, Stich in *The History of Great Britain*, 1754.

Bibliografische Information der Deutschen Nationalbibliothek:
Die Deutsche Nationalbibliothek verzeichnet diese Publikation in der Deutschen
Nationalbibliografie; detaillierte bibliografische Daten sind im Internet über
<http://dnb.d-nb.de> abrufbar.

© Franz Steiner Verlag, Stuttgart 2012
Druck: AZ Druck und Datentechnik, Kempten
Gedruckt auf säurefreiem, alterungsbeständigem Papier.
Printed in Germany.
ISBN 978-3-515-10044-1

Dieses Buch widme ich meiner Frau Ulla.

Inhalt

Abkürzungsverzeichnis

[ ]	Innerhalb von Zitaten schließen eckige Klammern Zusätze des Verfassers ein.
BK-BspF	Brunnenkind-Beispielsfall
EHU	*An Enquiry concerning Human Understanding*
EPM	*An Enquiry concerning the Principles of Morals*
Essays (ed. Miller)	David Hume. *Essays, Moral, Political, and Literary.* Edited and with a Foreword, Notes, and Glossary by Eugene F. Miller (1985, 1987)
LCL	The Loeb Classical Library
LG	David Hume. *A Letter from a Gentleman to His Friend in Edinburgh.* Edinburgh 1745
M-duH	Die ausgewählten *Mengzi*-Textstücke gemäß J. B. du Halde (s. Kap. 3.2.2)
Mem	Die ausgewählten *Mengzi*-Textstücke gemäß F. Noël (s. Kap. 3.1.3)
OC	*Of the Original Contract* (1748)
PW	David Hume. The Philosophical Works. Edited by T. H. Green and T. H. Grose. In 4 volumes. London 1886/1882, *Reprint* Aalen 1964
SB	L. A. Selby-Bigge [Editor of David Hume's *THN, EHU* and *EPM*]

s.v.	sub voce [unter dem Wort]
Sh. O. E. D.	*The Shorter Oxford English Dictionary*
THN	*A Treatise of Human Nature*
Tr.	Translator/translated

Einleitung

1   Die vorliegende Untersuchung ist ein Beitrag zur Hume-Forschung. Auch sie stellt ein beträchtliches Wagnis dar.* Denn sie bemüht sich darum festzustellen, ob David Humes Moralphilosophie chinesisch (confucianistisch) beeinflusst ist, wie gelegentlich angemerkt oder unsubstantiiert behauptet wurde (siehe Kapitel 1.1). Damit versucht sie auch, sich einem zeitgemäßen Desiderat in unserer globalen Welt der Wissenschaften und Philosophie zu widmen. Sie ist sich dabei bewusst, dass Einflussforschung – hier nur mögliche und mitunter verborgene Einflüsse aus einer Richtung aufspürend – keine einseitige Angelegenheit ist, keine Einbahnstraße.

Insgesamt handelt es sich um mein drittes Stück Einflussforschung,** und um das schwierigste. Eine erschöpfende Forschungsarbeit steht freilich noch aus und war nicht beabsichtigt. Lediglich einen kleinen Anstoß und Anregungen für weitere Untersuchungen zu geben, war ein wichtiges Motiv für diese Arbeit über eine längere Zeitspanne.

* Vergleiche Reinhard May, *Ex oriente lux. Heideggers Werk unter ostasiatischem Einfluß* (Stuttgart 1989); englisch unter dem Titel: *Heidegger's Hidden Sources. East Asian Influences on His Work*. Translated, with a complementary essay, by Graham Parkes (London and New York 1996).
** Das zweite Stück Einflussforschung, im *Schopenhauer-Jahrbuch* 2001 veröffentlicht, hat Schopenhauers *Preisschrift über die Grundlage der Moral* (1841) in der zweiten Auflage von 1860 zum Gegenstand der Untersuchung; siehe Fußnote 177.

2   Im ersten Kapitel werden die Indizien genannt, die überhaupt erst eine solche Untersuchung nahe legen. Demgemäß werden zunächst möglichst alle *sachdienlichen Hinweise* gesichtet und ausgewertet. Sodann werden *einschlägige Informationen* über China und chinesisches Gedankengut in Europa in der Zeit vom Ende des 16. bis um die Mitte des 18. Jahrhunderts gesammelt und in gebotener Kürze dargestellt, um die diesbezüglichen *bemerkenswerten Reaktionen* aufzuzeigen, und zwar die einer erstaunlich großen Anzahl bedeutender europäischer Denker. Es folgt der Versuch, unsere Aufmerksamkeit auf Humes ebenso bemerkenswerte wie für diese Untersuchung *beachtliche Bezugnahmen* auf China und Confucius zu richten, letztendlich in der Absicht den Anfangsverdacht einer Beeinflussung seiner (neuen) Moraltheorie durch chinesisches Gedankengut sichtbar und leicht nachvollziehbar zu machen. Das nächste und übernächste Kapitel widmen sich einer minimalistischen Gegenüberstellung der frühen moralphilosophischen Textstücke David Humes, die uns den Kerngehalt seiner Moraltheorie in Umrissen verständlich machen, und der vergleichbaren zeitlich früheren *Mengzi*-Versionen in Europa in lateinischer, in französischer und in englischer Sprache. Nach der Dokumentation dieser wenigen Textstücke, der lateinischen mit meiner hinzugefügten Übersetzung, folgt (in Kapitel 4) explizit der eigentliche Vergleich von Humes moralphilosophischen Aussagen mit den dokumentierten *Mengzi*-Textstücken, der im Ergebnis elf sinngemäße Übereinstimmungen der moralphilosophischen Positionen erkennbar macht.

3   **Ergebnis**. Die Präsentation der Beweislage verdeutlicht uns, dass sich jetzt der gegenüber David Hume geäußerte anfängliche Verdacht einer (unbewussten) Übernahme chinesischen Gedankenguts ohne Kenntlichmachung der Quelle beachtlich erhärtet. Auf der Basis eines ausreichenden, den Umständen entsprechenden Indizienbeweises können wir insoweit nicht mehr ausschließen, dass seine (neue) Moraltheorie *auch* erheblich confucianistisch beeinflusst ist.

Dank: Für freundliche Unterstützung im Rahmen des dritten Kapitels danke ich herzlich meinen Kollegen, (in alphabetischer Reihenfolge) den Professoren Dr. Markus Stein (Düsseldorf), Dr. Andreas Thele (Lüttich), Dr. Konrad Vössing (Bonn) und Dr. Michael Wissemann (Düsseldorf), sowie der Universitäts- und Landesbibliothek der Heinrich-Heine-Universität Düsseldorf, insbesondere den Herren Dr. Max Plassmann und Marcus Vaillant. Auch Frau Prof. Dr. Tania Kouteva und Herrn Torsten Budde, M.A. (beide Düsseldorf) danke ich herzlich für freundliche Unterstützung. Frau Dr. Birgit Capelle (Lehrbeauftragte in Düsseldorf) danke ich ebenso herzlich für ihre Assistenz bei der Herstellung des Typoskripts.

1

Indizien

1 Sachdienliche Hinweise. H. Nakamura[1], N. P. Jacobson[2], L. A. Maverick[3] und W. W. Davis[4] verdanken wir Hinweise auf die Möglichkeit der Beeinflussung David Humes durch confucianistisches Gedankengut. Neuerdings wird diese Möglichkeit von A. L. Macfie[5] in Verbindung mit Jacobson wiederholt und durch eine Abhandlung von Xiusheng Liu[6] verstärkt. Jacobson nimmt an, so Nakamuras Hinweis, dass Hume auf confucianistisches Gedankengut durch Vermittlung jesuitischer Missionare in Europa aufmerksam geworden ist. Schon 1946 hat Lewis A. Maverick bemerkt, dass auch *Hume* zu denjenigen gehöre, die auf China Bezug nehmen und sich dabei auf J. B. du Halde

---

[1] Hajime Nakamura, *Parallel Developments* (Tokyo and New York 1975) 248 f.
[2] Nolan Pliny Jacobson, „The Possibility of Oriental Influence in Hume's Philosophy", in *Philosophy East and West* 19 (1969): 17–37; 25–28, 30–32, 34, 36.
[3] Lewis A. Maverick, *China a Model for Europe* (San Antonio, TX 1946) 26.
[4] Walter W. Davis, „China, the Confucian Ideal, and the European Age of Enlightenment", in Julia Ching and Willard G. Oxtoby (eds.), *Discovering China* (Rochester, NY 1992) 1–26; 16, cf. 9, 17 f.
[5] Alexander Lyon Macfie, „Introduction", in *Eastern Influences on Western Philosophy*, edited by A. L. Macfie (Edinburgh 2003) 1–28; 17.
[6] Xiusheng Liu, *Mencius, Hume and the Foundations of Ethics* (Aldershot, Hampshire 2003) 8–9; siehe bereits Liu, „Mencius, Hume, and Sensibility Theory", in *Philosophy East and West* 52 (2002): 75–97; insbes. 86, 91, 96.

verlassen. Walter W. Davis scheint 1983 die sachdienlichen Hinweise von Maverick und Jacobson wiederzubeleben. Denn auch er betont, dass Hume mit du Haldes Buch über China (1735) vertraut gewesen sei. Detaillierte Hinweise auf diesen Sachverhalt finden sich allerdings nur bei Jacobson, auf den Macfie Jahrzehnte später verweist, indem er feststellt: „Jacobson's conjecture – that Hume's thought was radically affected by Oriental influence – is clearly of the greatest importance, for if it is true it would mean that European thought thereafter was equally affected."[7] Diesbezüglich muss man jedoch berücksichtigen, worauf auch Macfie hinweist, dass Jacobson für seine Vermutung lediglich einen vagen Indizienbeweis („circumstantial evidence") anbietet. Jacobson verdeutlicht vor allem, allerdings ohne nähere Angaben, die auffallende Ähnlichkeit zwischen dem *Mengzi-(Mencius-)*Text[8] und der Rolle der *sympathy*, die Hume seinen moralphilosophischen Erwägungen im *A Treatise of Human Nature* (THN) zuweist;[9] es sei unübersehbar, dass die „doctrine of universal sympathy" bei Mencius seinen Ursprung habe,[10] ein Gedanke also, der für Hume von zentraler Bedeutung ist. Diesem an Deutlichkeit kaum zu übertreffenden Hinweis geht eine Bemerkung voraus, die den zu bedenkenden Sachverhalt folgendermaßen beleuchtet: „The Chinese were admired chiefly for their achievement in education, for thinking about the nature of man […], the doctrine of universal sympathy found in Mencius, which came to figure in the reflections of both Hume and Adam Smith, and in all this the complete absence of any need for a religious metaphysics, or even for bringing religious doctrines into accord with reason."[11]

---

7 A.L. Macfie, a.a.O. [Fn 5] 17.

8 Der Name Mencius (so in der alten von jesuitischen Missionaren latinisierten Schreibweise) verweist auf den chinesischen Philosophen Mengzi (heute übliche Transkription des Namens, übersetzt: Meister Meng), der als Anhänger und Verteidiger der Lehre des Confucius (Kongzi) nach herkömmlicher Datierung etwa von 372/371 bis 289 v. Chr. lebte und der nach Kongzi (551–479 v. Chr.) als der bedeutendste Philosoph der hier sogenannten Konfuzianer, der Anhänger der alten Lehre des Confucius, angesehen wird. Der Ausdruck *Mengzi* (das Buch *Mengzi* bzw. der *Mengzi*-Text) steht für das Werk, das diesem Philosophen zugeschrieben wird. Je nach Sachverhalt ist also zwischen Mencius bzw. Mengzi und <u>dem</u> *Mengzi* (Text) zu unterscheiden.

9 Siehe Jacobson, a.a.O. [Fn 2] 25.

10 Jacobson, a.a.O. [Fn 2] 32.

11 Jacobson, a.a.O. [Fn 2] 30.

Dass die Möglichkeit einer Beeinflussung Humes durch den *Mengzi*-Text nicht völlig ausgeschlossen ist, unterstreicht eine Reihe auffälliger Ähnlichkeiten zwischen beiden Positionen im moralphilosophischen Bereich, dort im Zusammenhang mit der Natur des Menschen. Diesen Sachverhalt beleuchtet Xiusheng Liu in seinem aufschlussreichen Beitrag für die Fachzeitschrift *Philosophy East and West* (2002). Seine Absicht – „[…] I will show the parallelism, complementarity, and mutual intelligibility of the two traditions [i.e. the Mencian and the Humean]"[12] – verwirklicht er durch eine kurze Darstellung einschlägiger Belege. Durch seine anschließende ausführliche Monographie über *Mencius, Hume and the Foundations of Ethics* (2003), verstärkt er seine diesbezügliche Auffassung, dass die Moraltheorien von Mencius und Hume in wesentlichen Merkmalen übereinstimmen.[13]

Aus alledem ergibt sich bereits der nicht unbeachtliche *Anfangsverdacht*, dass auch David Hume wie andere seiner gelehrten Vorgänger und Zeitgenossen mit confucianistischem Gedankengut vertraut gewesen und durch dieses vielleicht beeinflusst worden ist. Dabei ist in jedem Fall zu bedenken, dass bis zur Veröffentlichung seines großen Werkes, *A Treatise of Human Nature* (1739, 1740), etwa zwei Jahrhunderte lang Informationen über China samt brisanter Texte nach Europa vermittelt worden sind.

2 Einschlägige Informationen. Seit etwa den 70er Jahren des 16. Jahrhunderts sickert allmählich chinesisches Gedankengut in die europäische Philosophie ein. Die vermittelten Informationen sind anfänglich philosophisch wenig ergiebig. Das ändert sich aber im Laufe des 17. Jahrhunderts, als chinesisches Gedankengut auf zunehmendes Interesse der europäischen Vermittler und ihrer zahlreichen gelehrten Leser in Europa stößt. Über diese Vorgänge unterrichtet uns sachverständig und zum ersten Mal im Zusammenhang ein höchst lehrreicher Beitrag von Iso Kern; dieser darüber hinaus auch sehr ausführliche Beitrag ist im *Grundriss der Geschichte der Philosophie*, begründet von Friedrich Ueberweg, unter dem Titel *Die Vermittlung chinesischer Philosophie in Europa* (1998) veröffentlicht. Ihm verdanken wir wertvolle Hinweise auf zahlreiche Quellen chinesischen Gedankenguts, die europäischen Philosophen des 17. und 18. Jahrhunderts zugänglich waren. Kern gliedert seinen ins-

---

12 Liu (2002), a. a. O. [Fn 6] 91; cf. 86, 96.
13 Siehe Liu (2003), a. a. O. [Fn 6] 8–9.

truktiven Beitrag übersichtlich in zwei Abteilungen. Dabei widmet er sich auf 71 Druckseiten überwiegend der Erörterung der Primärliteratur und nur auf den letzten fünf Seiten einer bibliographischen Darstellung der Sekundärliteratur.

Von den 19 genannten Werken der Primärliteratur[14] sind sechs beachtlich, darunter besonders drei einschlägig und zwei davon für unsere Untersuchung unmittelbar aufschlussreich. Mit Ausnahme von Le Comte stammen alle 19 Werke von Chinamissionaren (Kern 230, 234). Sehr erstaunlich ist das zuerst zu nennende Werk, nämlich das von Juan Gonzalez de Mendoza. Es behandelt die chinesische Geschichte und widmet sich der Landes- und Religionskunde; im spanischen Original ist es 1585 erschienen und wenige Jahre später in alle wichtigen Sprachen Europas übersetzt worden. Bereits bis zum Ende des 16. Jahrhunderts war es in 30 Ausgaben europaweit verbreitet; auf Englisch unter dem Titel (hier gekürzt) *The historie of the great and mightie kingdome of China [...]* (1588–1589).[15] Der umfangreiche Text gibt nur wenig Auskunft über chinesische Philosophie, enthält aber den wichtigen Hinweis, „dass die Chinesen sowohl eine Natur- als auch eine Moralphilosophie hätten" (Kern 243). Bereits durch Mendozas Werk, dessen Rezeptionsgeschichte für die eu-

---

[14] Zu den wirkungsgeschichtlich wichtigsten Veröffentlichungen gehören solche Werke, zunächst noch ganz allgemein in zeitlicher Reihenfolge aufgelistet, die – in der Formulierung von Iso Kern – „[...] primäre Informationen über chinesische Philosophie enthalten, von dem ersten Buch über China, das nach der Eröffnung des Seeweges publiziert wurde, dem portugiesischen Werk von Gaspar da Cruz von 1569, bis hin zu den beiden Werken von François Noël von 1711. Diese bilden den Abschluss, weil sie qualitativ und umfangmäßig den Höhepunkt der Veröffentlichungen im 17. Jahrhundert über chinesische Philosophie darstellen (der auch im 18. Jahrhundert nicht überboten wurde) und weil sie noch in die Lebenszeit von Leibniz fallen". Im Übrigen handele es sich um solche Informationen über chinesische Philosophie, „die dem gebildeten europäischen Leser des 17. Jahrhunderts zugänglich waren". Iso Kern, „Die Vermittlung chinesischer Philosophie in Europa", in Jean-Pierre Schobinger (Hg.), *Grundriss der Geschichte der Philosophie*. Die Philosophie des 17. Jahrhunderts, Bd. 1: Allgemeine Themen, Iberische Halbinsel, Italien (Basel 1998) 225–295; 241. Das gilt sicherlich auch noch für das 18. Jahrhundert.

[15] Nach Knud Lundbæk, „The First European Translations of Chinese Historical and Philosophical Works", in Thomas H.C. Lee (ed.), *China and Europe. Images and Influences in Sixteenth to Eighteenth Centuries* (Hong Kong 1991) 29–43; 30, war das Werk von Mendoza sogar in 46 Ausgaben gedruckt worden, und zwar in sieben Sprachen innerhalb von 15 Jahren nach der Erstveröffentlichung.

ropäische Philosophie des späten 16. und des frühen 17. Jahrhunderts noch unerforscht ist, wird in Umrissen deutlich, dass die Verbindung von Natur- und Moralphilosophie ein herausragendes Anliegen chinesischer Gelehrter ist. Insbesondere der Confucianismus, der „eigentlich keine religiöse Lehre sei", wurde als Moralphilosophie eingeschätzt (Kern 233).

30 Jahre nach Mendoza erschien 1615 das Werk *De Christiana expeditione apud Sinas* von Matteo Ricci in der Version von Nicolas Trigault. Dort wird Confucius, wahrscheinlich *erstmalig* in Europa, erwähnt und als der größte chinesische Philosoph bezeichnet; der Confucianismus wird hervorgehoben und seine bedenkenswerte Moralphilosophie betont.[16] In der Hauptsache waren auch die nachfolgenden Veröffentlichungen philosophisch nicht uninteressant, aber insgesamt eher religiös motivierten Fragenkomplexen gewidmet. So beispielsweise „ob im chinesischen Denken die Vorstellung von Gott, von der geistigen Seele und von anderen geistigen Wesen vorhanden seien oder nicht" (Kern 231). Die Antworten auf derartige Fragen der Chinamissionare fielen unterschiedlich aus. Dabei demonstrierten sie, wie anders und wie schwierig die Anknüpfung an die chinesische Tradition und Denkweise sowie die damit verbundene Begrifflichkeit war; glaubten die einen „in den alten konfuzianischen Texten die natürlichen Vernunftbegriffe von Gott und der unsterblichen Seele wiederzufinden", so bestritten dies die anderen und „hielten die gesamte chinesische Philosophie und Kultur für atheistisch und materialistisch" (Kern 231).

Im Zusammenhang seiner auch diesbezüglich ausführlichen Erörterungen gelingt es Iso Kern, uns immer wieder aufzuzeigen, wie über einen Zeitraum von mehr als einem ganzen Jahrhundert chinesisches Gedankengut nach Europa gelangte, hier bekannt wurde und in der Auseinandersetzung mit den genannten Problemen diskutiert werden konnte. Dass es Anlass zu bemerkenswerten Reaktionen wurde und dadurch auch die hiesige Philosophie des 17. und 18. Jahrhunderts aufklärerisch beflügelte, kann mittlerweile bei Historikern als bekannt vorausgesetzt werden. Im zunehmenden Umfang hatten europäische Philosophen nämlich Gelegenheit, je nach Interessenlage, Texte

---

16 Nähere Angaben und weitere Einzelheiten bei Kern, a.a.O. [Fn 14] 226, 246–249; siehe auch den kurzen informativen Hinweis von David E. Mungello: „Confucianism in the Enlightenment: Antagonism and Collaboration between the Jesuits and the Philosophes (sic)", in Thomas H.C. Lee (ed.), a.a.O. [Fn 15] 99–127; 104, 122 fn 17.

über confucianistische Moral- und Staatsphilosophie kennenzulernen, diese zu studieren und darauf zu reagieren. Neben den Darlegungen der Lehre des Kongzi (Confucius) war es vermutlich auch die sachkundige Vermittlung der Lehre seines berühmtesten Nachfolgers, der des Mengzi (Mencius), die einen bis heute ungeahnten Widerhall in der europäischen Moralphilosophie gefunden hat.

Dem Namen nach war Mencius (Mengzi) 1641 durch Semedo in Europa bekannt geworden.[17] Aber erst 1658 macht ihn das Buch von Martini (zunächst in lateinischer Sprache, 1692 in französischer Übersetzung) der Hauptsache nach schlaglichtartig interessant.[18] Sehr aufschlussreich berichtet Kern, dass Martini „als erster in Europa diesem bedeutenden Denker mehrere Seiten"[19] instruktiven Kommentars widmet, nebst der Wiedergabe einiger Abschnitte seines Werkes. Iso Kern zufolge erwähnt Martini nicht nur Confucius, den er den „Plato der Chinesen" nennt, sondern auch die berühmte „Lehre des Menzius von der Güte der menschlichen Natur: ,Er [Menzius] sagte, dass es der Natur so sehr eigen sei, das Gute zu tun, wie dem Wasser, nach unten zu fliessen.'" (zitiert nach Kern 252). Auch Navarretes *A Tratados,* in Madrid 1676 erschienen,[20] vermitteln uns in erstaunlichen Details die confucianistische Moralphilosophie, dabei auch ausführlich die des Mencius. Die *Ethik und Politik* des Confucius werden von Navarrete als *admirable doctrina* dargestellt; ,[…] aussergewöhnlich war die Tugend dieses Heiden. Hätte er Kenntnisse von Gott gehabt, könnte er es mit den Grössten Europas aufnehmen'[21]. Für Navarrete sei Meng Zu (sic) der ,second man of this empire in sanctity', er genieße großes Ansehen und seine Bücher seien von großer Autorität.[22] Mit deutlichen Worten hebt der Dominikaner Navarrete im Kontrast

---

17 In der zeitlichen Reihenfolge ist Semedo – abgesehen von Mendoza – an zweiter Stelle nach Trigault/Ricci zu nennen. Über sein Werk und dessen weite Verbreitung in Europa siehe Kern, a. a. O. [Fn 14] 226, 249 f.

18 Ibid. 237.

19 Ibid. 252; siehe auch 226, 235, 250–252.

20 Ibid. 227, 258–260, dort nähere Angaben und Hinweise.

21 Zitiert nach Kern, ibid. 259.

22 Zitiert nach Navarrete in der Ausgabe der englischen Übersetzung, gedruckt für Thomas Osborne in London, Gray's-Inn 1752 (Books III and IV, 111–164) 138 f. Die erste Auflage unter dem Titel *An Account of the Empire of China, Historical, Political, Moral and Religious,* in A. and J. Churchill, *A Collection of Voyages and Travels,* war in London bereits 1704 er-

zur herrschenden Meinung der Jesuiten den profunden Atheismus der Chinesen hervor, und zwar sowohl für die alte als auch für die neue Zeit. Alle Dinge würden natürlich und zufällig hervorgebracht. Confucius, den Navarrete mit Sokrates vergleicht, wisse nichts von einer unsterblichen Seele und kenne nicht den Schöpfergott, ebenso wenig wisse er etwas über Belohnung und Bestrafung und über ein anderes Leben.[23] Dennoch enthalte die confucianische Morallehre auch einige sehr gute Ansichten. Diese vergleicht Navarrete für die europäischen Gelehrten (man denke beispielsweise an P. Bayle) besonders instruktiv mit den Ansichten der alten Griechen und Römer, mit Aristoteles, Cicero und Seneca; im Übrigen auch mit den Lehren der Bibel, der Kirchenväter, mit Augustinus, Thomas von Aquin und anderen christlichen Denkern. Es ist daher leicht nachvollziehbar, dass derartige Bemerkungen auch heute noch „von grossem historischem und philosophischem Interesse" (Kern 260) sind; für die damalige Zeit belegen das die vier englischen Ausgaben der *Tratados* zwischen 1704 und 1752.

Die erste vollständige Übersetzung des *Mengzi*-Textes in lateinischer Sprache ist 1711 erschienen, und zwar im Zusammenhang mit dem Werk von F. Noël unter dem Titel: *Sinensis Imperii Libri Classici sex*, dort an vierter Stelle unter dem Namen *Memcius* (sic).[24] Die drei vorangehenden confucianisti-

---

schienen; weitere Auflagen, die eine enorme und lange anhaltende Nachfrage belegen, waren 1732, 1744 und – wie angegeben – 1752 erschienen.

23 Ibid. 113, 138.

24 Ausführliche Angaben und weitere Hinweise (mit sachdienlichen Details) bei Kern, a.a.O. [Fn 14] 228f, 272f; siehe auch David E. Mungello, „The Seventeenth-Century Jesuit Translation Project of the Confucian Four Books", in Charles E. Ronan, S.J. and Bonnie B.C. Oh (eds.), *East Meets West. The Jesuits in China, 1582–1773* (Chicago 1988) 252–272; 264–267. Für Noël, der „vom hohen Wert dieser sechs klassischen Bücher überzeugt" war, worauf Kern, a.a.O. [Fn 14] 273, zu sprechen kommt, ist die Lehre der Chinesen in ihrer Substanz „wohl den alten Griechen ebenbürtig". Insofern stimmt die Auffassung Noëls mit der Navarretes überein. Lundbæk (1991) 39 betont: „[…] there is no or very little Christian discourse interpolated in the text. Noëls work appears to be a serious attempt at a scholarly presentation of the ancient text […]." Im weiteren Zusammenhang aufschlussreich ist die Tatsache, dass bereits ein Jahr nach Erscheinen des Werkes von Noël der deutsche Philosoph Christian Wolff eine *Besprechung* der Übersetzung Noëls in den *Acta Eruditorum* (1712) veröffentlichte und damit auch seinerseits die Aufmerksamkeit der gelehrten Öffentlichkeit auf den *Mengzi*-Text lenkte. Von M. Albrecht (1985) XXVIII stammt der beachtliche Hinweis, dass Wolffs Besprechung nach dem vierten Buch (also dem *Mengzi*) ohne Zusammenfassung abbricht; dennoch

schen Klassiker waren bereits 1687 von Couplet et al. publiziert worden, darunter also an dritter Stelle die erste vollständige Übersetzung der sogenannten „Gespräche" [*lun yu*, wörtlich „Gesammelte Worte", engl. *analects*] des Confucius; unter dem respektablen Titel *Confucius Sinarum philosophus sive scientia Sinensis latine exposita* fand somit das Kernstück confucianistischen Gedankenguts nicht nur eine weite Verbreitung, sondern auch eine lange anhaltende und bemerkenswerte Beachtung unter den europäischen Philosophen.[25]

Den allgemeinen und weithin wirksamen Höhepunkt chinakundlicher Literatur stellt das hier abschließend zu nennende Werk des jesuitischen Gelehrten Jean Baptiste du Halde dar. Unter dem ausführlichen Titel *Description géographique, historique, chronologique, politique, et physique de l'empire de la chine et de la tartarie chinoise* ist es, 150 Jahre nach dem damals ersten Aufsehen erregenden Buch über China von Mendoza, in Paris 1735 in vier Bänden erschienen;[26] in einer neuen Ausgabe bereits ein Jahr später in La Haye.[27] In kürzester Zeit war es in Europa für ein ganzes Jahrhundert zur Standardquelle

konnte Wolffs Text den interessierten Zeitgenossen einen wertvollen Einblick in confucianistisches Gedankengut bieten; er selbst lernte nicht zuletzt besonders durch die Vermittlung Noëls die philosophische Brisanz des *Mengzi*-Textes in vollem Umfang kennen und konnte darauf immer wieder direkt oder indirekt in seinen eigenen Texten zurückgreifen (siehe darüber höchst informativ M. Albrecht [1985] IX–LXXXIX).

25 Siehe Kern, a.a.O. [Fn 14] 227f, 262–267; sowie Mungello (1988), a.a.O. [Fn 24] 260–264, der von einer eindrucksvollen Präsentation dieser in Europa mit Spannung erwarteten Veröffentlichung spricht (263). In diesem Zusammenhang ist auch das Werk von Louis Le Comte unter dem Titel *Nouveaux mémoires sur la Chine [...]* (1696, et saepe) zu nennen, auf das offensichtlich David Hume hinweist (s.u., [Fn 90]). Da es hinsichtlich neuer Informationen über die chinesische Philosophie und Religion wenig ergiebig ist und aus dem *Confucius Sinarum philosophus [...]* schöpft (s. Kern, ibid. 268f), können wir es hier bei dieser kurzen Information belassen.

26 Dieses umfangreiche Werk basiert auf Fachtexten von 27 jesuitischen China-Experten. Siehe (ausführlich) Theodore Nicholas Foss, „Reflections on a Jesuit Encyclopedia: Du Halde's *Description [...] de la Chine*" (1735) in *Actes du III.e Colloque International de Sinologie* (Paris 1983) 67–77; 68; Knud Lundbæk, „The First European Translations of Chinese Historical and Philosophical Works", in Thomas H.C. Lee (ed.), *China and Europe. Images and Influences in Sixteenth to Eighteenth Centuries* (Hong Kong 1991) 29–43; 33f.

27 Diese Ausgabe wird mir hauptsächlich bezüglich der französischen *Mengzi*-Version, diese unter dem Untertitel *Meng Tsëe ou le livre de Mencius [...]* (s. Literaturverzeichnis, Quellentexte), als Textgrundlage meiner Erörterungen dienen (vornehmlich also Band 2, S. 400–434).

des Wissens über China geworden.[28] Dank ergiebiger (wenn auch nicht lückenloser) Zusammenfassungen der confucianistischen Klassiker, darunter auch der *Mengzi*-Text (in Band 2 auf den Seiten 400–434), darf der Einfluss, den du Haldes Werk vermutlich ausgeübt hat, keinesfalls unterschätzt werden.[29] Das gilt nicht nur für die französische und unter den anderen für die deutsche Kultur des 18. Jahrhunderts; es gilt auch für die englische Kultur, dort insbesondere für die Literatur und Philosophie.[30] 1736, ein Jahr nach der ersten Veröffentlichung des französischen Originals, erschien bereits die erste englische Version in der Ausgabe von John Watts, 1741 in der dritten Auflage, allerdings jeweils ohne die Zusammenfassung des *Mengzi*-Textes. Diese war aber drei Jahre zuvor im ersten Band einer zweibändigen Ausgabe von Edward Cave erschienen; das Vorwort datiert den 1. September 1738. Seitdem lag also auch die englische Übersetzung in einer gut lesbaren Ausgabe einer breiten interessierten Leserschaft vor.[31] Vor allem durch die von J. B. du Halde präsen-

---

28 Siehe Foss (1983) a.a.O. [Fn 26] 68.

29 Ein großes Lob über du Haldes Werk findet sich bereits in der englischen Ausgabe von Edward Cave 1738: „Upon the whole, this Work of P. *du Halde*, or rather the *Chinese* Missionaries, is a most noble and valuable Performance […]." (The Translator's Preface, IV). „Moral Philosophy has been all along the principal Study of the *Chinese*, and it is chiefly by their Abilities therein that they attain to the Honours and Dignities of the Empire […]." (The Author's Preface, VI). „No Laws or Institutions [including their morality] appear in the general so well contrived as the Chinese to make both King and People happy." Siehe auch die Widmung.
Im obigen Zusammenhang vgl. u.a. Wolfgang Franke, *China und das Abendland* (Göttingen 1962) 52f; Raymond Dawson, *The Chinese Chameleon. An Analysis of European Conceptions of Chinese Civilization* (London 1967) 54; David E. Mungello, „Confucianism in the Enlightenment. Antagonism and Collaboration between the Jesuits and the Philosophes (sic)", in Thomas H.C. Lee (ed.), *China and Europe. Images and Influences in Sixteenth to Eighteenth Centuries* (Hong Kong 1991) 99–127; 106; John J. Clarke, *Oriental Enlightenment. The Encounter Between Asian and Western Thought* (London 1997) 39–43; Jonathan Spence, *The Chan's Great Continent. China in Western Minds* [1998] (Harmondsworth 1999) 56, 75; Jürgen Osterhammel, *Die Entzauberung Asiens. Europa und die asiatischen Reiche im 18. Jahrhundert* (München 1998) 300.

30 Siehe Donald F. Lach, „China and the Era of the Enlightenment" in *Journal of Modern History* 14 (1942): 209–223; 214; William W. Appleton, *A Cycle of Cathay. The Chinese Vogue in England during the Seventeenth and Eighteenth Centuries* (New York 1951, reprint 1979) 83, 87, 127.

31 Siehe Literaturverzeichnis, Quellentexte; siehe auch Fan Tsen-Chung, *Dr. Johnson and*

tierte Zusammenfassung des *Mengzi*-Textes anhand von Noëls Übersetzung[32] war dergestalt eine erstaunliche Reihe verstärkter Hinweise auf die ausschließlich empirisch an der Natur des Menschen orientierte Begründung der Moral vorhanden. Solche Hinweise samt überzeugender Argumentation stützten darüber hinaus die Annahme der Deisten, dass die Gesellschaft auch ohne das Christentum gedeihen würde.[33] D. E. Mungello lässt auch keinen Zweifel daran, dass J. B. du Haldes Werk über die *Vier Bücher* des Confucianismus von erheblicher Bedeutung und nachhaltiger Wirkung für die europäische Geistesgeschichte des 18. Jahrhunderts gewesen ist.[34]

Chinese Culture (London [The China Society] 1945, reprint 1973) 6–8, 11, 19f (genau genommen erschienen bereits seit Februar 1737 im *Gentleman's Magazine,* das Edward Cave gehörte, wöchentlich Vorabdrucke dieser zweiten englischen Version [Seiten 7–8]); Maverick (1946), a. a. O. [Fn 3] 22.

32 Siehe J. B. du Halde, a. a. O., Band 2, Seite 389.

33 Siehe Th. N. Foss (1983), a. a. O., [Fn 26] 69–70.

34 Siehe David E. Mungello (1991), a. a. O. [Fn 29] 106 f. Wir können hinzufügen, dass auch du Haldes Literaturliste auf sieben Druckseiten mit 95 weiterführenden Hinweisen und Quellenangaben jedem Leser eine Fundgrube für sein Studium der chinesischen Welt gewesen sein dürfte. Diese Liste verweist genau auf die Texte, die hier bezüglich confucianistischen Gedankenguts bereits vorgestellt wurden; nur Noëls Übersetzung wird an anderer Stelle genannt (siehe hier [Fn 32]). Nach gebührender Hervorhebung der großen Bedeutung der chinesischen Moralphilosophie versäumt es der Autor J. B. du Halde nicht, in einer Fußnote zu seiner *Beschreibung Chinas* am Schluss des Vorwortes noch eine deutliche Abgrenzung zwischen der europäischen, insbesondere der europäisch-christlichen, und der chinesischen Welt vorzunehmen, und zwar eine solche, die theologiekritische Denker wie David Hume sehr wahrscheinlich besonders attraktiv gefunden haben werden, um dem Werk der chinesischen Philosophen nun erst recht ihre volle Aufmerksamkeit zu widmen. In dieser Fußnote schreibt du Halde – zunächst im Gegensatz zu Leibniz: „We are far from intending to introduce the *Chinese* Doctors into *Europe* to give Lectures on Virtue. […] Whatever the Sages of *China,* as well as the ancient Philosophers, have taught worthy Commendation, it has been owing to the Light of Reason, in following which they have acquired some small Knowledge of Truth and its Principles. Whereas Christians have a perfect Knowledge thereof, insomuch as they know *J. C.* who is the Truth itself, the sovereign Reason and subsisting Wisdom of God. […] The Chinese Sages have indeed known some Truths, but neither they, nor the ancient Philosophers, so much cry'd up, have known them all: in the Christian Law alone consummate Righteousness is to be found; nor can any one arrive at true Wisdom but by embracing its Rules, and putting them in Practice." The Author's Preface, zitiert nach der Ausgabe von Cave (1738) VI fn *M.*

3 Bemerkenswerte Reaktionen. Im Einzelnen kann hier die Vielzahl der bemerkenswerten Reaktionen auf die einschlägigen Informationen über confucianistisches Gedankengut nicht dargelegt werden. So mag zunächst allein der Hinweis genügen, dass der weithin berühmte Dr. Johnson geraten hat, auch Boswell solle das Werk du Haldes konsultieren, wie das zu seiner Zeit allgemein üblich war.[35] Im Rahmen seiner Lobeshymnen auf die englische Ausgabe von Cave (Bd. 1 aus dem Jahre 1738) schrieb Dr. Johnson mit Begeisterung über Confucius, der mittlerweile zu einem Sprachrohr in Sachen Moralphilosophie geworden war, und zwar „for a sensible morality almost Euclidean in its logic and efficiency".[36] Der renommierte deutsche Sinologe Wolfgang Franke hat 1962 in seinem informativen Buch unter dem Titel *China und das Abendland* die Summe der bemerkenswerten Reaktionen samt bis dahin konstatierter Einflüsse wie folgt zum Ausdruck gebracht: „Der Eindruck dieser neuen Kunde von China im Abendlande war gewaltig. Er erfasste weiteste Kreise; insbesondere wirkte die neu entdeckte chinesische Geisteswelt auf das Gelehrtentum nahezu wie eine Offenbarung."[37] Edmund Leites bestätigte den Sachverhalt 16 Jahre später, in der Hauptsache auf die Situation Englands im Zeitalter Humes bezogen, indem er darlegte: „It is now a commonplace of historical scholarship that Chinese ethics, as represented by the Jesuits, suited those seventeenth- and eighteenth-century Europeans who were sympathetic to the idea that a fully adequate morality could be known through the use of our natural faculties, unaided by divine revelation."[38] Tatsächlich können viele Beispiele einer solchen Auffassung gefunden werden; diese reichen zurück bis ins 16. Jahrhundert. Im europaweit geschätzten Werk Mendozas über China aus dem Jahr 1585 (s. o.) finden wir die erste beachtliche Quelle, aus der bemerkenswerte Reaktionen hervorgehen; so beispielsweise bei Michel de Montaigne (1533–1592) in seinem letzten *Essai* aus dem Jahr 1588. Dort schreibt er,

35 Siehe Paul A. Rule, *K'ung-tzu or Confucius?* (Sydney 1986) 185, 187. Vgl. Theodore N. Foss, *Reflections* [Fn 26] 67.
36 William W. Appleton, *A Cycle of Cathay* [Fn 30] 51; vgl. 82–3.
37 Wolfgang Franke, *China und das Abendland* (Göttingen 1962) 53; 52–56. Vgl. Donald F. Lach, „China in Western Thought and Culture", in *Dictionary of the History of Ideas,* 4 vols. (New York 1968) 353–373.
38 Edmund Leites, „Confucianism in eighteenth-century England: Natural morality and social reform", in *Philosophy East and West* 28 (1978): 143–159; 143.

dass die Geschichte Chinas ihn belehre, wie viel weiter und verschiedener die Welt sei als man hier durchschaue.[39]

Auch nach Montaigne sind es zunächst die großen Denker des 17. Jahrhunderts, die das neuzeitliche Europa mitgestalten und dabei maßgeblich die Aufklärungsphilosophie vorbereiten. Sie alle, und ihre Nachfolger im 18. Jahrhundert, haben vermutlich auf die Chinakunde ihres Zeitalters reagiert;[40] einige unter ihnen mit nachhaltiger oder gar Aufsehen erregender Wirkung (so beispielsweise Christian Wolff). Beginnen wir mit Francis Bacon (1561–1626), der bereits gut über China informiert war. Der Oxforder Sinologe Raymond Dawson vermutet, dass Bacon seine Kenntnisse (wie Montaigne) aus Mendozas Geschichte Chinas geschöpft habe.[41] Und William W. Appelton verweist diesbezüglich auf Bacons „tolerant interest".[42] Thomas Hobbes (1588–1679) kommt am Ende seines epochalen Werkes, im 47. Kapitel des *Leviathan* (1651) bei richtiger Einschätzung der Sachlage auf die christlichen Missionsaktivitäten in leicht ironischem Ton zu sprechen: „[…] who knows that this spirit of Rome, now gone out, and walking by Missions through the dry places of

---

39 Siehe Michel de Montaigne, *Œuvres complètes* [1595], *Bibliothèque de la Pléiade* [Ausgabe von Albert Thibaudet und Maurice Rat, 1962] (Paris 1967) [Buch III, Kapitel XIII] 1049; Englisch in:*Essays. Translated with an Introduction by J. M. Cohen* (Harmondsworth 1958, reprint 1985) 352. Siehe auch Ralph Tyler Flewelling, „China and the European Enlightenment", in *The Personalist XVIII* (1937) 9–26, schreibt auf Seite 21: „How much of Montaigne's Skepticism may have been encouraged by Chinese influence, we do not know but he was acquainted with the work of Gonzales [de Mendoza] on Chinese history and chronology." Vgl. 15, 25. John James Clarke, *Oriental Enlightenment* (London 1997) 43, hebt hervor: „In several of his essays he drew on the example of China to encourage his readers to take a broader and more open-minded view of European affairs […]; as the historian Donald F. Lach [sic] points out, he ,uses the East to support his beliefs about the uncertainty of knowledge, the infinite variety in the world, and the universality of moral precepts' [Lach, *Asia in the Making of Europe,* vol. 2, bk. 2 (Chicago 1977, 297)]."

40 Vgl. Arnold H. Rowbotham, „China and the Age of Enlightenment in Europe", in *The Chinese Social and Political Science Review* XIX (1935):176–201; 177, 189; Donald F. Lach and Edwin J. van Kley, *Asia in the Making of Europe,* vol. 3, bk. 4 [East Asia] (Chicago 1993) 1743; David E. Mungello, „Chinese and Western Intellectual History", in Julia Ching and Willard G. Oxtoby (eds.), *Discovering China* (Rochester, NY 1992) 176–188; 187.

41 Siehe Raymond Dawson, *The Chinese Chameleon* (London 1967) 30.

42 William W. Appelton, *A Cycle of Cathay* [Fn 30] 18, gibt sieben Textstellen aus Bacons *Opera Omnia* (London 1730) an: I. 142, 159, 387; II. 137, 237; III. 69, 382.

China, Japan, and the Indies, that yeeld him little fruit, [...]."[43] Eine Quelle für diese Bemerkung ist nicht ersichtlich. Was John Locke betrifft, ist leicht festzustellen, dass er als ein ausgewiesener Kenner der Chinaliteratur seiner Zeit gelten kann. Seine Bibliothek[44] enthielt zahlreiche Bände über die Kultur und Geschichte Chinas, darunter auch die Werke von Martini und Navarrete (s. o.). In seiner Regierungslehre nimmt er Bezug auf China und nennt die Chinesen „a very great and civil people".[45] Seine Erziehungslehre samt Kritik am damaligen Bildungswesen verdankt vermutlich wichtige Impulse seiner Lektüre einschlägiger Werke über die chinesische Kultur.[46]

Am Ende des 17. Jahrhunderts lenken Leibniz (1646–1716) und Bayle (1647–1706) auf sehr unterschiedliche Weise die Aufmerksamkeit europäischer Gelehrter auch auf die Philosophie Chinas, hauptsächlich auf confucianistisches Gedankengut. Leibniz' *Novissima Sinica* erscheint 1697; zwei Jahre später bereits in der zweiten Auflage. Der berühmte und umfassend gebildete Autor lässt uns in seinem Vorwort wissen, dass er sich beinahe schäme, bekennen zu müssen, dass auf dem Gebiet der praktischen Philosophie, also in den Lehren der Ethik und Politik, die Europäer den Chinesen sicherlich unterlegen seien. Leibniz sagt dies im Zusammenhang mit seiner Einschätzung des ins Unermessliche wachsenden moralischen Verfalls in Europa.[47] Sein Urteil hatte

43 Thomas Hobbes, *Leviathan* [1651] (Harmondsworth 1968) 714. Walter Demel, „China in the Political Thought of Western and Central Europe, 1570–1750", in Thomas H. C. Lee (ed.), *China and Europe [...]* (Hong Kong 1991) 45–64, 47, interpretiert diese Textstelle mit den Worten: „Thomas Hobbes, for his part, used his single mention of China – in the last chapter of Leviathan – only as a warning against the pernicious ‚spirit of Rome' with its theocratic implications [...]."
44 Siehe John Harrison and Peter Laslett, *The Library of John Locke* (Oxford, 2nd ed. 1971), Appendix II. C. Books with notes and/or page lists, 280–284.
45 Walter Demel, a. a. O, [Fn 43] 47.
46 Siehe Torsten Budde, *Über das pädagogische Interesse an China im 17. und 18. Jahrhundert* (Düsseldorf 1997, unveröffentlichte Magisterarbeit) 28–39, 29, 37, 38 f. Edmund Leites, „Confucianism in the eighteenth-century England [...]", in *Philosophy East and West* 28 (1978): 143–159, erwähnt noch mit weiteren Hinweisen, dass für Locke die Hilfe der Offenbarung erforderlich sei, um alle notwendigen Wahrheiten zu entdecken (siehe 146) und bemerkt noch, einen Hinweis von Locke aufgreifend: „The philosophers of ancient Greece and Rome did not succeed, neither did Confucius." (ibid.)
47 Siehe Adrian Hsia (Hg.), *Deutsche Denker über China* (Frankfurt a. M. 1985), dort: Gottfried Wilhelm Leibniz, Vorwort zu *Novissima Sinica* (1697, mit weiteren Hinweisen und

großes Gewicht, denn als weithin informierter Gelehrter war er auch mit der chinesischen Welt erstaunlich gut vertraut; sein diesbezüglicher Einfluss auf seine Zeitgenossen und die folgende Generation europäischer Gelehrter (dabei natürlich auch auf David Hume) darf nicht unterschätzt werden.[48]

Im selben Jahr wie die *Novissima Sinica* von Leibniz erscheint auch das epochale *Dictionnaire historique et critique* (1697) des großen französischen Gelehrten Pierre Bayle; bereits fünf Jahre später liegt es in einer erweiterten zweiten Auflage vor.[49] Anders, jedoch nicht weniger wirkungsvoll als Leibniz, gelingt es Bayle, europaweit auf die chinesische Welt aufmerksam zu machen. Auf die einschlägigen Informationen (s. o.) reagierend ist sein *Dictionnaire* im thematisch passenden Zusammenhang eine weitere bemerkenswerte Reaktion auf die chinesische Kultur und ihr Gedankengut.[50] Bayle widmet Mendoza,

Quellennachweis) 9–27; 11, 17; Emile Ravier, *Bibliographie des Œuvres de Leibniz* (Paris 1937), dort die Untertitel zu *Novissima Sinica* 25, 28. Vgl. die Hinweise auf Leibniz und den Nachweis einer englischen Übersetzung des Vorwortes zu *Novissima Sinica* bei Daniel J. Cook and Henry Rosemont Jr., „The Pre-established Harmony between Leibniz and Chinese Thought" in Julia Ching and Willard G. Oxtoby (eds.), *Discovering China* (Rochester 1992) 82–96; 90, 86. Vgl. auch Donald F. Lach, *The Preface to Leibniz' Novissima Sinica, Commentary, Translation, Text* (Honolulu 1957).

48 Siehe Eun-Jeung Lee, „*Anti-Europa*" (Münster 2003) 68–84; insbesondere 83f; Donald F. Lach, „Leibniz and China", in Julia Ching and Willard G. Oxtoby (eds.), *Discovering China* (Rochester 1992) 97–116; 114. Den Einfluss der *Novissima Sinica* und somit das erhebliche Interesse der Europäer an der chinesischen Kultur, insbesondere im Zusammenhang mit dem sich in Europa verschärfenden *Ritenstreit* (nämlich wie weit in Anbetracht der Missionspraktiken des Jesuitenordens die äußere Anpassung der christlichen Riten an die chinesischen Sitten statthaft sei), unterstreicht ein beiläufiger Hinweis von A. Pichler in seinem Buch über die *Theologie des Leibniz* (1869); dort sagt der Autor: „Der General der Jesuiten selbst erbat sich […] die *Novissima Sinica* des Leibniz, um sich […] in ihrem Processe gegen die Dominicaner einer Stelle aus seiner [des Leibniz] Vorrede zu bedienen, wo er [Leibniz] sie [die Jesuiten] von dem Vorwurfe reinigte, als ob sie den neuen Christen, d. h. den Chinesen, die Idololatrie gestatten." Aloys Pichler, *Die Theologie des Leibniz* (München 1869) 443; vgl. 78, 240f.

49 Englische Übersetzungen erscheinen 1710 und 1734–1738; diese ist die erste vollständige Ausgabe auf Englisch in 5 Bänden; ein Reprint der Edition von 1734 erscheint in London 1997 (siehe Literaturverzeichnis), versehen mit einer Einführung von Richard H. Popkin (S. V-XIV). Vgl. die *Selected Bibliography* von Popkin in *Pierre Bayle: Historical and Critical Dictionary, Selections* [1965] (Indianapolis, Indiana 1991) XXX–XXXVI; XXX. Wenn nicht anders angegeben, zitiere ich nach der genannten fünfbändigen englischen Ausgabe von 1734–1738, reprint London 1997.

50 Zum Beispiel bezweifelt Bayle mit guten Gründen, dass der chinesische Kaiser mit dem

dem Autor eines damals über hundert Jahre zurück liegenden „Bestsellers" über die Geschichte Chinas (s. o.), einen kurzen Artikel, der sein Chinainteresse und seine Chinakenntnisse unterstreicht und einmal mehr die europäischen Gelehrten auf China aufmerksam macht.[51] Als mutiger Religionskritiker und Wegbereiter der bald folgenden Aufklärungsphilosophie belegt Bayle, der zweite große Skeptiker der Neuzeit in Europa, mit seinem Werk, weit über Montaigne hinausweisend, wie wichtig nach dem damaligen Informationsstand die hilfreichen Bezugnahmen auf die Lehren des Confucius und die Buddha-Lehren sein können, um den hier herrschenden Gottesbegriff infrage zu stellen und den religiösen Fanatismus nebst gefährlichem Aberglauben nachhaltig zu erschüttern.[52] In Sachen Ethik und Atheismus lässt Bayle seine zahlreichen Leser wissen, dass Confucius viele feinsinnige Dinge über Moralität und Staatskunst sagte, „but as to the true GOD, and his law, he was as blind as the rest [of the *literati*]"[53]. Er lässt auch keinen Zweifel daran, dass aufgrund seiner Informationen fast alle *Literati* (die gelehrten Anhänger der Philosophie des Confucius) Atheisten und Materialisten sind, und „the *King above* [...] is nothing but the material Heaven"[54]. Auch in einem seiner wichtigsten und Aufsehen erregendsten Artikel, dem über Spinoza (im Übrigen auch der längste)[55] und dessen „systematischen Atheismus", verweist Bayle mehrfach, erstaunlich sachkundig und instruktiv auf die Lehren in den *Eastern countries,* auf die des Confucius und besonders auf die des Buddha.[56] Abschließend können wir uns in diesem Zusammenhang der folgenden zutreffend formulierten Einschätzung von Richard H. Popkin anschließen: „Bayle saw China as a very moral world based on atheistic beliefs, more moral than the European Chris-

Erlass eines Toleranzedikts zugunsten der römisch-katholischen Mission weitsichtig und klug handelte (Dict. art. John Milton, IV. 223. b.). Vgl. darüber Walter Demel, „China in the Political Thought of Western and Central Europe, 1570–1750", in Thomas H. C. Lee (ed.), *China and Europe [...]* (Hong Kong 1991) 45–64; 57.

51 Siehe Dict. IV. 198. and a. b., 199. and a. b.

52 Siehe beispielsweise die Verweise im *Index* des *Dictionary* unter den Stichworten: *China, Chinese, Confucius* (Dict. V. 30., 35.).

53 Dict. IV. 81. b. mit weiteren Hinweisen. Vgl. V. 180. b., V. 832.

54 Dict. IV. 81. b. mit weiteren Hinweisen.

55 Dict. V. 199–224; siehe auch P. Bayle (1965): *Historical and Critical Dictionary*, Selections, 288–338.

56 Dict. V. 202. a. b., 203. a., 217. a. b., vgl. auch V. 180. b., 181. a.

tian one."[57] Sehr wahrscheinlich dürfte dieser Sachverhalt den nachfolgenden Aufklärungsphilosophen nicht entgangen sein.[58]

Etwa eine Generation nach Leibniz und Bayle lenkt der deutsche Professor Christian Wolff (1679–1754) auf der Grundlage der weiter angewachsenen Informationen über die chinesische Philosophie (s.o.) die Aufmerksamkeit der akademischen Öffentlichkeit auf die Lehren des Confucius und des Mencius.[59] Darüber verdanken wir Michael Albrecht eine sachkundige, umfangreiche und teilweise höchst detaillierte Darstellung in Verbindung mit seiner Übersetzung des Wolffschen Textes ins Deutsche.[60] Kurz und knapp sei nur das Folgende hervorgehoben. Nachdem Wolff in Halle 1721 in einer amtlich gehaltenen und feierlichen Universitätsrede über die praktische Philosophie der Chinesen dem Sinn nach behauptet hatte, man könne auch ohne Gottglauben ein guter Mensch sein, war die Entrüstung der entschieden anders urteilenden Christen so stark, dass es seinen erbitterten Gegnern 1723 gelang, ihn unter Androhung des Stranges aus Preußen verbannen zu lassen. Drei Jahre später hat Wolff zur Verteidigung und Verdeutlichung seiner Auffassung über moralphilosophische Sachverhalte die Rede mit ausführlichen Anmerkungen in lateinischer Sprache veröffentlicht. In der Folgezeit ist die Publikation sehr schnell und weit über den deutschen Sprachraum hinaus bekannt und beachtet worden. J.B. du Halde verweist auf die inzwischen berühmt-berüchtigte Rede im Literaturverzeichnis seines vierbändigen Standardwerkes über das chinesische Kaiserreich. In unserem Zusammenhang ist Wolffs sogenannte Chinesen-Rede, die sich quellenmäßig zunächst auf F. Noël (1711) und später auch auf

---

57 R.H. Popkin, „Introduction" to the *Dictionary [...] of Bayle* (1734 ed., London 1997, reprint) X.

58 Vgl. A.H. Rowbotham, „The Impact of Confucianism on Seventeenth Century Europe", in *The Far Eastern Quarterly* 4 (1945): 224–242; 230f; Walter W. Davis, „China, the Confucian Ideal, and the European Age of Enlightenment", in Julia Ching and Willard G. Oxtoby (eds.), *Discovering China* (Rochester, NY 1992) 1–26; 12; John J. Clarke, *Oriental Enlightenment* (London and New York 1997) 44f.

59 Siehe Christian Wolff, *Oratio de Sinarum philosophia practica* (Frankfurt a.M. 1726), abgedruckt in: Christian Wolff, *Rede über die praktische Philosophie der Chinesen*. Lateinisch-Deutsch, übersetzt, eingeleitet und herausgegeben von Michael Albrecht (Hamburg 1985) 1–267, Anmerkungen des Herausgebers 269–301.

60 Siehe M. Albrecht, „Einleitung", in (supra), IX–LXXXIX.

Couplet et al. (1687) stützt, in mehrfacher Hinsicht eine bemerkenswerte Reaktion auf die einschlägigen Informationen:

1. Confucius wird als einer der größten Weisen des heidnischen Altertums wahrgenommen.
2. Seine Moralphilosophie stützt sich lediglich auf die Vernunft, ohne sich auf Offenbarungswissen zu berufen.
3. Die Naturgesetze gelten unabhängig von Gott und die Kräfte der Natur des Menschen reichen aus, um moralisch handeln zu können.
4. Theologiefreie Moralität ist keine bloße Theorie, sondern beobachtbares Faktum, das Beweisqualität besitzt.
5. Das Experiment ist [für Mencius] ein entscheidendes Kriterium, um eine Theorie zu überprüfen.

So gesehen (1. bis 5.)[61] ist bei Wolff in leicht nachvollziehbaren Schritten eine vorsichtige Rezeption chinesischen Gedankenguts in die europäische Moralphilosophie angebahnt worden. Zugleich lieferte seine Rede ein beachtliches historisches Argument für eine völlig säkulare und dennoch wirkungsvolle Moral.

Voltaire (1694–1778) gelang es schließlich, durch bemerkenswerte Reaktionen seinerseits auf der Grundlage des vorhandenen Informationsmaterials einen weiteren nachhaltigen Beitrag über die Bedeutung Chinas für Europa zu leisten. Dabei konnte ihm J.B. du Haldes *Beschreibung Chinas* (1735) als einschlägige und ergiebige Quelle dienen.[62]

Basil Guy hat 1963 über Voltaire und China eine beachtliche Studie vorgelegt.[63] Sie enthält eine Liste der Werke, in denen Voltaire China erwähnt. Seine

---

61 Vgl. M. Albrecht, ibid. XV, XXXV, XXXIX, XLIIIf; Donald F. Lach, „The Sinophilism of Christian Wolff (1679–1754)", in *Discovering China* [Fn 58] 117–130; 119–121; A. Zempliner, „Die chinesische Philosophie und J. Ch. Wolff", in *Deutsche Zeitschrift für Philosophie* 10 (1962): 758–778; 764, 770; J. Ching and W.G. Oxtoby, „Introduction", in *Discovering China* [Fn 58] XI–XXXI, XXIII, XXV; E.-J. Lee, „*Anti-Europa*" (Münster 2003) 90f.

62 „[...] Voltaire is said to have made a close reading of [...] Fr. du Halde's *Description*"; D.E. Mungello, „Confucianism in the Enlightenment", in Thomas H.C. Lee (ed.), *China and Europe* (Hong Kong 1991) 99–127; 103.

63 Basil Guy, „The French Image of China before and after Voltaire", in *Studies on Voltaire and the Eighteenth Century*, vol. 21 (Genève 1963).

Bemerkungen beginnen 1722; unter Bezugnahme auf China erschienen 1734 die *Lettres philosophiques*. Bereits bis 1738 zählt B. Guy neun Bemerkungen.[64] Voltaires anhaltendes Interesse an China ist insgesamt gut dokumentiert und allgemein bekannt; es lässt den Schluss zu, dass er wahrscheinlich in seinem Zeitalter als der einflussreichste Interpret Chinas anzusehen ist.[65] Spätestens mit Voltaires Schriften war den Gelehrten in Europa bewusst geworden, dass durch Confucius und seine Lehre ein vorbildliches Staatswesen in China existierte. Dessen Nachahmung in Europa schien zumindest geeignet, den christlich-kirchlichen Absolutheitsanspruch zu relativieren oder gar zu beseitigen und Staat und Gesellschaft auf säkularer Basis neu zu ordnen.

Bis zu Voltaires Tod waren seit den ersten einschlägigen Informationen über China und den darauf basierenden Reaktionen rund 200 Jahre vergangen. Wie man leicht vermuten kann, ist es möglich, noch weitere bemerkenswerte Reaktionen großer europäischer Denker den bereits genannten hinzuzufügen. In zeitlicher Reihenfolge gehören in den ersten Jahrzehnten nach der Veröffentlichung von Mendozas Informationen über die Geschichte Chinas (s. o.) unter anderen Jean Bodin (1530–1596) und Hugo Grotius (1583–1645) dazu.[66] François de la Mothe le Vayer (1588–1672) lobt in seinen beachtlichen Hinweisen auf China den reinen und vorbildlichen Humanismus der confucianistischen Moralität. Confucius wird als der Sokrates der Chinesen vorgestellt und mit Seneca und Plutarch verglichen.[67] Auch Blaise Pascal (1623–1662) verweist in seinen postum veröffentlichten *Pensées* (1669, § 593)[68] auf China und fordert auf, sich Klarheit über das dort herrschende Denken zu verschaffen. Sir William Temple (1628–1699) ist dann der erste englische Gelehrte, der in den con-

---

64 Siehe Basil Guy, ibid. 440 f.

65 Siehe Basil Guy, ibid. 15. Vgl. Donald F. Lach, „China and the Era of Enlightenment", in *Journal of Modern History* 14 (1942): 209–223; 219; Basil Guy, „Voltaire, Sinophile", in A. L. Macfie (ed.), *Eastern Influences on Western Philosophy* (Edinburgh 2003) 83–109; 86, 99f, 103, 107.

66 Über Bodin siehe Walter Demel, „China in the Political Thought of Western and Central Europe, 1570–1750", in Thomas H. C. Lee (ed.), *China and Europe*, (Hong Kong 1991) 45–64; 51; über Grotius in Verbindung mit Leibniz siehe Arnold H. Rowbotham, „China and the Age of Enlightenment in Europe", in *The Chinese Social and Political Science Review* XIX (1935): 176–201; 184.

67 Siehe Arnold H. Rowbotham, ibid. 191; ders. „The Impact of Confucianism on Seventeenth Century Europe", in *The Far Eastern Quarterly* 4 (1945): 224–242; 228, 230.

68 Siehe Blaise Pascal, *Pensées* (par Victor Giraud, Paris o. J.) 275.

fucianistischen Lehren anders als in den bekannten Utopien die Basis für einen universalen Verhaltenskodex sieht; Confucius versteht er nicht als Metaphysiker, sondern als Lehrmeister einer sozial orientierten Ethik.[69] Etwa eine Generation später stellt Matthew Tindal (1657–1733) auf der Grundlage seiner Chinakenntnisse die confucianistisch-rationalen Morallehren auf eine Stufe mit den christlichen.[70] Neben den betont freundlichen Stellungnahmen finden sich auch sehr distanziert kritische Reaktionen, die in ihrem Bezug auf China jedoch nicht weniger bemerkenswert und aufschlussreich sind. Dazu gehören teilweise relativ umfangreiche Abhandlungen, nämlich die von Malebranche (1638–1715) und von Fénelon (1651–1715) sowie, wieder etwa eine Generation später, die von Berkeley (1685–1753) und die von Montesquieu (1689–1755); ihr jeweiliges Chinabild ist bis heute Gegenstand einer beachtlichen Reihe gelehrter Untersuchungen, informativer Erörterungen und sachdienlicher Bemerkungen.[71] Den bereits genannten europäischen Denkern im Zusammenhang mit ihren bemerkenswerten Reaktionen auf einschlägige Informationen über China lassen sich bei aufmerksamer Nachprüfung noch weitere hinzufügen. In zeitlicher Reihenfolge seien nur noch Mandeville (1670–1733), Lord Bolingbroke (1678–1751) und Silhouette (1709–1767) genannt.[72] Schließlich

---

69 Siehe Arnold H. Rowbotham, a. a. O. [Fn 67], in *The Far Eastern Quarterly* 4 (1945): 236f; vgl. William W. Appleton, *A Cycle of Cathay* (New York 1951, reprint 1979) 42–47.

70 Siehe Arnold H. Rowbotham, ibid. 238; John J. Clarke, a. a. O. [Fn 29] 51.

71 Darüber gibt die folgende kleine Auswahl einen Einblick, teilweise mit weiteren instruktiven Hinweisen: Über Malebranche siehe David E. Mungello, „Malebranche and Chinese Philosophy", in J. Ching and W. G. Oxtoby (eds.), *Discovering China* (Rochester, NY 1992) 54–81; J. J. Clarke, a. a. O. [Fn 29] 42–44; I. Kern, a. a. O. [Fn 14] 290. Über Fénelon siehe E.-J. Lee, a. a. O. [Fn 48] 61–62. Über Berkeley (mit der Wiedergabe eines umfangreichen Textstückes) siehe Raymond Dawson, *The Chinese Chameleon* (London 1967) 191–193; siehe auch William W. Appleton, a. a. O. [Fn 30] 53f, 56. Über Montesquieu siehe Raymond Dawson, ibid. 57, 196–198 (mit der Wiedergabe eines umfangreichen Textstückes); J. W. Witek S. J., *Controversial Ideas in China and in Europe* (Roma 1982) 311–313; Jonathan Spence, *The Chan's Great Continent* (Harmondsworth 1999) 88–94; E.-J. Lee, a. a. O. [Fn 48] 62–65.

72 Siehe William W. Appleton, a. a. O. [Fn 30], 56f, 61; Lewis A. Maverick, *China a Model for Europe*, a. a. O. [Fn 3] 26ff (15–36, hier gibt der Autor einen kurzen, sehr instruktiven Überblick über das wachsende europäische Informationsinteresse an der chinesischen Kultur und Philosophie, darunter die wertvollen Hinweise auf David Hume [s. o. Kapitel 1.1] und die Texte über China von Etienne Silhouette). In den großen Kreis der an chinesischem Denken interessierten europäischen Theologen und Philosophen gehört wahrscheinlich auch Joseph

dürfen Lord Shaftesbury (1671–1713) und Lord Chesterfield (1694–1773) nicht übersehen werden. Denn beide werden als Kenner der confucianistischen Moralphilosophie angesehen.[73]

4 Humes beachtliche Bezugnahmen. <u>Erstens</u>: David Hume ist keine Ausnahme; auch er reagiert schriftlich auf die einschlägigen Informationen über China. Seine Bezugnahmen auf das ferne China und die Chinesen im Allgemeinen und auf Confucius und seine Schule im Besonderen sind zahlreich, vielfältig und informativ; und sie sind insgesamt beachtlich. Unter den neunzehn[74] hier zu beachtenden Bezugnahmen verdient die gleich Folgende in seinem heute berühmten Frühwerk, *A Treatise of Human Nature: Being an Attempt to Introduce the Experimental Method of Reasoning into Moral Subjects,* und zwar im zweiten veröffentlichten Band aus dem Jahr 1740, besondere Beachtung. Dort sagt Hume im dritten Buch *(Of Morals)* das Folgende und bezieht sich in diesem Buch zum zweiten Mal auf China: „We sympathize more with persons contiguous to us, than with persons remote from us: With our acquaintance, than with strangers: With our countrymen, than with foreigners. But notwithstanding this variation of our sympathy, we give the same approbation to the same moral qualities in *China* as in *England.*"[75]

<u>Zweitens</u>: Bereits in seinem Brief vom 26. August 1737 an Michael Ramsay, während Hume noch auf der Rückreise aus Frankreich nach London unterwegs war, bringt er China *indirekt* ausführlich und sehr instruktiv zur Spra-

---

Butler (1692–1752); siehe diesbezüglich eine Bemerkung von Ralph T. Flewelling, *China and the European Enlightenment,* a. a. O. [Fn 39] 15.

73 Für N. P. Jacobson (s. Kapitel 1.1 [Fn 2]) gilt es als erwiesen und anerkannt, dass außer Leibniz und Bayle auch Shaftesbury durch „Oriental philosophy" beeinflusst wurde.
Lord Chesterfield war offensichtlich wie viele seiner gelehrten Zeitgenossen mit der *Beschreibung Chinas* von J. B. du Halde gut vertraut; er lobte China „as an example of morality and good government" (so in *Common Sense* May 14, 1737). Siehe Appleton, a. a. O. [Fn 30] 127.

74 In diesem Abschnitt habe ich aus Humes philosophischen und essayistischen Werken lediglich 19 beachtliche Textstellen herausgegriffen; bis auf eine Ausnahme gibt er keine Quelle an oder sonstige weiterführende Hinweise. Im Übrigen ist es somit vielleicht auch nicht erstaunlich, dass sich in der Sekundärliteratur nur selten Anmerkungen über Humes Chinakenntnisse (siehe Kapitel 1.1) finden.

75 *THN* 3.3.1., SB 581. Siehe auch die vorhergehenden Bezugnahmen in *THN* 3.2.1., SB 482 sowie in *THN* 2.2.8., SB 379 und in *THN* 2.3.8., SB 433.

che, indem er auf Bayles *Dictionary* verweist: „I shall submit all my Performances to your Examination, & to make you enter into them more easily, I desire of you […] to read over once […] some of those [of] Zeno, & Spinoza."[76] Der Hinweis auf Spinoza erscheint später in *THN* 1.4.5. als Fußnote, nämlich „See *Bayle's* dictionary, article of *Spinoza*"[77]. Dieser Artikel über Spinoza mit allen weiteren einschlägigen Hinweisen ist tatsächlich auch eine Fundgrube über chinesische Philosophie, die David Hume bei seinem intensiven und anhaltenden Studium dieses für die Aufklärung bahnbrechenden Werkes, insbesondere im religionskritischen Kontext, nicht entgangen ist. Nach diesen sechs Bezugnahmen auf China (den drei vorgenannten sowie den drei zusätzlich in Fußnote 75 angegebenen) folgt wenige Monate nach der Veröffentlichung des zweiten Bandes des *Treatise* (1740), also in einem überschaubar kurzen Zeitraum, eine weitere, direkte und ausführliche Bezugnahme, und zwar in einem Essay.

<u>Drittens</u>: In seinem ersten Essayband in der ersten Jahreshälfte 1741 unter dem Titel *Essays, Moral and Political,* anonym veröffentlicht (wie schon der *Treatise*), nimmt nämlich Hume Bezug auf die „*Literati* or Disciples of *Confucius* in *China*"[78], und zwar im Essay XII *Of Superstition and Enthusiasm*. In einer späteren Ausgabe der Essays, letztlich in der von 1777, findet sich, noch von Hume hinzugefügt, eine erläuternde und aufschlussreiche Fußnote: „The CHINESE (sic) Literati have no priests or ecclesiastical establishment."[79] Quellenangaben sind nicht vorhanden. Im Folgejahr 1742 schreibt er in seinem zweiten anonym veröffentlichten Essayband einen Abschnitt lang, ohne Quellenangabe, über die bemerkenswerte Höflichkeit in China und über die dort noch nicht zur Perfektion herangereifte Wissenschaft. Dabei unterstreicht er, dass China ein Riesenreich sei, das mit einer Sprache auskomme sowie mit einem Rechts- und Sittensystem, das von alters her auf der unangefochtenen Autorität seiner Lehrer, wie der des Confucius, beruhe. In diesem Zusammen-

---

76 Abgedruckt in Ernest C. Mossner, *The Life of David Hume* (Oxford 1980) 626–627, 627. Ein Hinweis auf „Baile" (sic) findet sich bereits fünf Jahre früher in einem Brief vom März 1732 an Michael Ramsay (Greig [ed.], *The Letters of David Hume*, vol. I, 11–12).
77 *THN* 1.4.5., SB 243.
78 D. Hume, „Of Superstition and Enthusiasm" (1741) 141–152; 149. Auch in *Essays* (ed. Miller) 78; und in *Essays*, PW 3. 149.
79 *Essays* (ed. Miller) 78 [fn 9] bzw. in *Essays*, PW 3. 149 [fn 1].

hang versucht Hume, eine natürliche Erklärung für den nur langsamen Fortschritt der Wissenschaften in China zu geben.[80]

In seinen *Three Essays, Moral and Political: Never before published* setzt Hume die Bezugnahmen auf China fort.[81] Im Essay unter dem Titel *Of National Characters* teilt er unter anderem folgende Beobachtung mit: „[...] the CHINESE have the greatest uniformity of character imaginable: though the air and climate, in different parts of those vast dominions, admit of very considerable variations."[82] Auch der zweite Essay *Of the Original Contract* lässt China an passender Textstelle nicht unerwähnt.[83] *An Enquiry concerning Human Understanding*, wie die *Three Essays* 1748 veröffentlicht, verdeutlicht uns ebenso, dass Hume seine Chinakenntnisse instruktiv zur Sprache bringen kann, und zwar hier in *Sect. 10 OF MIRACLES*[84].

Seine *Political Discourses* (1752), die sehr schnell nach ihrem Erscheinen erfolgreichste Publikation zu seinen Lebzeiten, zeigen uns eindrucksvoll seine global und historisch ausgerichtete Belesenheit. Mühelos gelingt es ihm, in geeigneten Zusammenhängen auf China Bezug zu nehmen. Dabei verlässt er sich, wie schon seine berühmten Vorgänger und Zeitgenossen, auf die vorhandene einschlägige Literatur, allerdings ohne diese durch einen Hinweis kenntlich zu machen. So bemerkt er gleich im ersten Essay *(Of Commerce)*: „CHINA (sic) is represented as one of the most flourishing empires in the world; though it has very little commerce beyond its own territories."[85] Diesen Sachverhalt betont er noch im dritten Essay *(Of Money)* durch eine charakterisierende Feststellung mit anschließender rhetorischer Frage, nämlich: „We may infer, from a comparison of prices, that money is not more plentiful in CHINA, than it was in EUROPE three centuries ago: But what immense power is that em-

---

80 Siehe D. Hume, „Of the Rise and Progress of the Arts and Sciences" (1742) 53–100; 72. Auch in *Essays* (ed. Miller) 122 bzw. in *Essays*, PW 3. 183.

81 Dieses Essaybändchen ist Humes erstes nicht mehr anonym veröffentlichtes Werk; es ist in London und Edinburgh 1748 erschienen.

82 *Essays* (ed. Miller) 197–215; 204, siehe auch 208 (PW 3. 244–258; 249, siehe auch 253).

83 Im Original in der Veröffentlichung von 1748 auf den Seiten 29–54; 35; in *Essays* (ed. Miller) 465–487; 470 (PW 3. 443–460; 446).

84 *EHU*, SB 121 (PW 4. 99); siehe auch *EHU*, SB 122 (PW 4. 99). Diesen Abschnitt „Of MIRACLES" hat Hume im ersten Buch des *Treatise of Human Nature* aus guten Gründen weggelassen.

85 *Essays* (ed. Miller) 253–267; 264 (PW 3. 287–299; 296).

pire possessed of, if we may judge by the civil and military establishment maintained by it?"[86] Im fünften und im elften Essay (*Of the Balance of Trade* und *Of the Populousness of Ancient Nations*) kommt er thematisch bedingt, kritisch und Distanz wahrend, auf China zu sprechen.[87]

Auch noch nach 1752 nimmt Hume angemessen Bezug auf China.[88] Ein Beispiel aus dem Jahr 1757 ist eine Textstelle in der auf Kürze angelegten Neufassung des zweiten Buches des *Treatise of Human Nature*. Unter dem neuen Titel *A Dissertation on the Passions* wiederholt er in leicht geänderter Fassung eine Textstelle des *Treatise*.[89]

The Natural History of Religion (1757) zeichnet sich dadurch aus, dass er ausnahmsweise hier an einer Textstelle mit Bezug auf China einen Hinweis auf seine Informationsquelle gibt. Im Text sagt er: „The CHINESE, when their prayers are not answered, beat their idols." Die hier weiterführende Fußnote lautet: „Pere le Compte" (sic).[90] Louis Le Comte (um ihn handelt es sich) vermittelt noch vor Leibniz, Ende des 17. Jahrhunderts, seinen Zeitgenossen neue Informationen über den damaligen Zustand Chinas und ermöglicht somit auch David Hume eine Erweiterung seiner Chinakenntnisse. Eine besonders beachtliche Bezugnahme auf China beinhaltet der Hinweis auf Chevalier Ramsay in einer sehr langen, ausführlichen Fußnote. Dort zitiert Hume den Chevalier mit einer aufschlussreichen Textpassage: „‚What strange ideas' says he, ‚would an Indian or a Chinese philosopher have of our holy religion, if they judged by the schemes given of it by our modern free thinkers, and pharisaical doctors of all sects?'"[91]

---

86 *Essays* (ed. Miller) 281–294; 294 (PW 3. 309–320; 320).

87 Siehe vollumfänglich *Essays* (ed. Miller) 308–326; 313 (PW 3. 330–345; 334) sowie *Essays* (ed. Miller) 377–464; 399, 438, 447 (PW 3. 381–443; 396, 426, 431).

88 Bei meinen Hinweisen lasse ich im vorgegebenen Zusammenhang seine *History of England* beiseite.

89 Siehe PW 4. 139–166; 160 im Vergleich mit *THN*, 2.2.8., SB 379.

90 PW 4. 321. Die korrekte und vollständige Fußnote muss wie folgt lauten: Père Le Comte, i.e. Louis Le Comte: Nouveaux mémoires sur l'état présent de la Chine. 2 Bände (Paris: Jean Anisson 1696); siehe Iso Kern, a.a.O. [Fn 14] 228 mit weiteren Hinweisen auf die noch folgenden Auflagen und Übersetzungen dieses Werkes (siehe auch 268–270); siehe auch oben [Fn 25].

91 PW 4. 355.

Schließlich kommt Hume noch einmal in einer Fußnote (ohne Quellenangabe) weitläufig auf China und die Chinesen zu sprechen, und zwar bezüglich seines Essays *Of the Rise and Progress of the Arts and Sciences* aus dem Jahr 1742. Der Text der zwanzigzeiligen Fußnote lautet (ich zitiere nur den Schlusssatz):

> Perhaps, a pure monarchy of this [Chinese] kind, were it fitted for defence against foreign enemies, would be the best of all governments, as having both the tranquillity attending kingly power, and the moderation and liberty of popular assemblies.[92]

Auf diese Weise China ins Gespräch bringend, unterstreicht er wieder eindrucksvoll seine bemerkenswerten Kenntnisse, auf die er, wie wir mittlerweile ohne Weiteres annehmen können, seit jeher mit Hilfe einschlägiger Informationen zurückgegriffen hat. Für uns folgt daraus, dass seine Bezugnahmen auf China keineswegs unbeachtlich sind. Auch im Vergleich mit seinen berühmten Vorgängern und Zeitgenossen ist er also keine Ausnahme.

Viertens: Die meisten von ihnen hatten ihrerseits (wie oben dargelegt) die ihrem Zeitalter entsprechenden Chinakenntnisse. Das dürfte ihm sehr wahrscheinlich bekannt gewesen sein und sein eigenes Interesse an China noch beflügelt haben. Zum Beispiel sei hier auf George Berkeley (1685–1753) verwiesen, auf den Hume in einer Fußnote auf Seite 17 des *THN* und im Essay *Of National Characters* (1748) verweist. In diesem Text nimmt er nicht nur zweimal *direkt* Bezug auf die Chinesen, sondern auch *indirekt,* indem er auf Berkeleys Dialog *Alciphron, or the Minute Philosopher* (1732) aufmerksam macht.[93] Dort attackiert Berkeley die religionskritische Position der Freidenker und äußert sich in diesem Zusammenhang sehr skeptisch über den Wahrscheinlichkeitsgehalt der jesuitischen Chinaberichte, auf die sich nicht unwesentlich die Religionskritik seiner Epoche stützen konnte. So problematisiert Berkeley beispielsweise die Berichte über das höhere Alter der chinesischen Kultur im Vergleich mit der Schöpfungsgeschichte und dem daraus folgenden

---

92 *Essays* (ed. Miller) 122 fn 13 (PW 3. 183–4 fn 1). Beide Texte basieren auf der Edition aus dem Jahr 1777. Wann genau Hume die Fußnote angefügt hat, war noch nicht zu ermitteln.
93 Siehe *Essays* (ed. Miller) 204, 208, 209 fn 11 (PW 3. 249, 253 fn 1).

Weltalter.[94] Auch dieser Sachverhalt aus der Sicht Berkeleys dürfte Hume nicht entgangen sein.

5 Ergebnis. Auch aufgrund solcher Anspielungen auf confucianistisches Gedankengut, die wir nicht so einfach übergehen dürfen, und dann vor allem aufgrund der aufgezählten Bezugnahmen auf China in Verbindung mit einem ausgeprägten Interesse für das Verhältnis von Religion und Moral sowie für Geschichte, Politik und Ökonomie können wir bei den folgenden Untersuchungen davon ausgehen, dass David Hume mit dem damals in Europa bekannten chinesischen Gedankengut vertraut war. Die Annahme findet eine zusätzliche Stütze durch eine Bemerkung in einem seiner frühesten Essays, veröffentlicht unter dem Titel *Of the Study of History* (1741). Das Studium der Geschichte möchte er nämlich auf die „most distant nations" ausdehnen; und zu diesen Nationen zählt zweifellos auch China.[95] Dabei konnte ihm die Lektüre der einschlägigen Informationen über chinesisches Gedankengut die Möglichkeit einer vollständig säkularen Moralphilosophie auf der Grundlage der empirisch zugänglichen Natur des Menschen aufzeigen. Sehr bald musste ihm dann auch die Nähe dieses Gedankenguts zu Lehren des Cicero und mitunter auch des Seneca bewusst werden. Während Europa jedoch bloß ein Paradigma aus längst vergangenen Zeiten bieten konnte, präsentierte sich das Riesenreich China immer noch als aktuelles Beispiel,[96] und stand nicht selten als ein heimliches Vorbild für eine „andere" (eine nur *diesseitige*) Welt zur Verfügung.

94 Siehe die einschlägigen Informationen bei Raymond Dawson, *The Chinese Chameleon* (London 1967) 191–193.

95 Siehe David Hume, „Of the Study of History" (an siebenter Stelle im Original von 1741 auf den Seiten 69 bis 78 veröffentlicht). Dieser Essay wurde nach 1760 von Hume aus seinen nachfolgenden Essaysammlungen zurückgezogen. Ausführlich lautet die Textstelle im Wesentlichen wie folgt: „I must add, that history is not only a valuable part of knowledge, but opens the door to many other parts [...]. And indeed, [...] we must be sensible that we should be for ever children in understanding, were it not for this invention, which extends our experience to all past ages, and to the most distant nations; making them contribute as much to our improvement in wisdom, as if they had actually lain under our observation." *Essays* (ed. Miller) 563–568; 566f (PW 4. 388–391; 390).

96 Siehe G. F. Hudson, „China and the World: A summary of intellectual and artistic influences", in R. Dawson, (ed.), *The Legacy of China* (Oxford 1964) 340–363; 359.

Durch das derartig geprägte Gedankengut war die chinesische Welt ein geeignetes Vorbild für eine von der Theologie unabhängige Ethik. Wie schon vorher durch das Werk des Kopernikus *De revolutionibus orbium coelestium* wurde noch einmal eine Aufbruchstimmung[97] verbreitet, die, nun noch von China ausgehend, dazu beitrug, das bisher nicht zu sagen Gewagte jetzt mit gebotener Vorsicht vorzubringen. So lag eine neue Moraltheorie in der Luft, als der junge David Hume zu neuen Ufern in Frankreich unterwegs war.

Auch dort sickerte seit etwa 1615 (s.o. Abschnitt 2) allmählich und oft unauffällig (weil verborgen) chinesisches Gedankengut in die Philosophie ein. Sein nachhaltiger Einfluss ist detailliert kaum noch nachzuweisen.[98] Von heute aus recherchiert, sind in vielen Fällen die Spuren verblasst oder gar verschwunden.[99] Die bereits oben in Absatz 1 aufgezeigten Indizien reichten über einen Anfangsverdacht der Beeinflussung David Humes durch chinesisches Gedankengut nicht hinaus. In seinem Werk jedoch konnten wir noch weitere beachtliche Indizien ausfindig machen. Im Ergebnis handelt es sich um eine hinreichende Anzahl tatsächlicher Hinweise und Anhaltspunkte, die den Anfangsverdacht erhärten, dass sein moralphilosophisches Werk durch confucianistisches Gedankengut beeinflusst sein könnte. Somit stellt sich die Einflussfrage in vollem Umfang.

Demgemäß wird textvergleichend zu untersuchen sein, ob und in welcher Weise Übereinstimmungen zwischen seiner (neuen) Moraltheorie und confu-

---

97 Vgl. R.T. Flewelling, „China and the European Enlightenment", in *The Personalist* XVIII (1937): 9–26; 16.

98 Vgl. A.H. Rowbotham, „China and the Age of Enlightenment in Europe", in *The Chinese Social and Political Science Review* XIX (1935): 176–201; 177, 200f; R.T. Flewelling, ibid. 26; N.P. Jacobson, a.a.O. [Fn 2] 28, 30, 34.

99 Mit diesen Schwierigkeiten wird die Einflussforschung rechnen müssen. W.W. Davis, a.a.O. [Fn 4] gibt dabei noch den folgenden beachtlichen Sachverhalt zu bedenken: „Toward the end of the century [the 18th], Sinophilism began to decline, and its demise came in the wake of the French Revolution. Therefore, a question arises as to whether the relationship between China and the West in the 17th and 18th centuries and the resulting knowledge or image of China in the West had any lasting effect upon the European Enlightenment. Almost certainly it did; yet the degree of the influence is as difficult to measure as to stem the flow of the tides. Let it be remembered, however, that Sinophilism was not a phenomenon restricted to one particular country in Europe. It was widespread and dynamic, if only in a transient fashion, and it left a residue of cultural and *intellectual influences assimilated by the West so completely that their presence is seldom discerned* [meine Hervorhebung]." (23)

cianistischem Gedankengut vorliegen. Untersuchungsgegenstand sind zunächst hauptsächlich das zweite und das dritte Buch des *Treatise (THN)* und dann auch noch in gebotener Kürze *An Enquiry concerning the Principles of Morals* (EPM [1751]); und hilfsweise noch, auch als ein Stück seiner Selbstinterpretationen, seine Essays, sein Text *A Letter from a Gentleman to His Friend in Edinburgh* (1745), und seine Briefe.[100]

---

100 Hinsichtlich der Edition des jeweils zu untersuchenden Textes von Hume siehe das Literaturverzeichnis. Auf die Texte wird in abgekürzter Form (siehe Abkürzungsverzeichnis) im laufenden Text oder in den Fußnoten verwiesen.

2

Humes frühe moralphilosophische Textstücke (1739–1745)

1 Der Sachverhalt im *A Treatise of Human Nature: Being an Attempt to Introduce the Experimental Method of Reasoning into Moral Subjects* (1739, 1740).* Unter strikter Beachtung der „experimental method of reasoning" benennt Hume abschließend, im dritten Buch (1740) seines umfangreichen Werkes, die empirisch ermittelte Quelle der Moral („the true origin of morals" [575]). Dabei handelt es sich in seinem Text, wie er vorausgehend dargelegt hat, um nichts Geringeres als um die in moralphilosophischer Hinsicht nachweisbare Bestimmung der Natur des Menschen. „Wickedness or goodness of human nature" (492) ist das Problem; dessen Lösung steht zur Debatte. Dazu hat er Wesentliches beigetragen und insoweit die europäische Philosophie bahnbrechend vorangebracht. Nach teilweise sehr ausführlichen (aber auch umständlichen) Untersuchungsschritten[101] stellt er Folgendes in seiner *conclusion*

---

* Alle Hinweise auf dieses Werk, im Folgenden kurz *THN*, beziehen sich, soweit nicht anders angegeben, auf die Seitenzahlen in der Edition von L. A. Selby-Bigge (kurz SB) bei Oxford University Press 1978 (siehe Literaturverzeichnis).

101 Seit der ersten Veröffentlichung des *THN* sind immer wieder dessen darstellerische und stilistische Mängel hervorgehoben worden; in aller Deutlichkeit 1893 von L. A. Selby-Bigge in seiner *Introduction* der *Enquiries concerning Human Understanding and concerning the Principles of Morals,* reprinted from the posthumous edition of 1777 (Oxford, 3rd ed. 1975). Dort heißt es unter Anderem – was bei aufmerksamer Lektüre auch bald festgestellt würde –: „He is ambitious rather than shy of saying the same thing in different ways, and at the same time

fest: „[…] sympathy is the chief source of moral distinctions […].“ (618) *Sympathy* beschreibt er als „a very powerful principle in [!] human nature“ (618, vgl. 577) und betont: „[…] the force of sympathy must necessarily be acknowledg'd.“ (618–619, vgl. 575) Und schließlich fügt er noch hinzu: […] „so noble a source, which gives us a just notion both of the *generosity* and *capacity* of our nature“ (619).

Um leichter nachvollziehen zu können, was er im Zusammenhang zahlreicher Textstücke unter *sympathy* versteht und wie *sympathy* im engeren Sinne (als *sympathy with pain*) für ihn zur Grundlage der Moral werden kann,[102] muss eine aufschlussreiche Bemerkung im zweiten Buch des *THN* beachtet werden; dort sagt er: „No quality of human nature is more remarkable, both in itself and in its consequences, than that propensity we have to sympathize with others“, und „to receive by communication their inclinations and sentiments, however different from, or even contrary to our own.“ (316)

Also versteht Hume unter *sympathy* an erster Stelle (und nur das interessiert uns hier, und nicht *sympathy* an zweiter Stelle im Rahmen seiner allgemeinen interpersonalen Kommunikationstheorie) unsere aus der menschlichen Natur resultierende Neigung, *Mitgefühl mit* anderen Menschen (und sogar darüber hinaus: *mit Lebewesen* überhaupt) zu haben. Was liegt insoweit (nach-

---

he is often slovenly and indifferent about his words and formulae.“ (VII) Auf Seite X ergänzt Selby-Bigge seine leicht nachvollziehbare Kritik durch Bemerkungen über anzutreffende „ambiguities and obscurities of expression in important passages which are most exasperating“. Gelingt es uns dennoch, das zweite und dritte Buch des *THN* wiederholt und mit der nötigen Vorsicht zu analysieren, also die Textstücke, die berechtigterweise als moralphilosophisch bahnbrechende Leistung eingestuft werden, und dies eingedenk der selbstkritischen Äußerungen Humes im Jahre 1745 (in *A Letter from a Gentleman* […] 124: „I am indeed of Opinion, that the Author had better delayed the publishing of that Book; not on account of any dangerous Principles contained in it, but because on more mature Consideration he might have rendered it much less imperfect by further Corrections and Revisals.“) und auch noch bedenkend, dass der juristisch ausgebildete Autor den Einsatz von Paraphrasen und die Kunst der Zusammenfassung komplizierter (und neuer oder ungewohnter) Sachverhalte beherrschte, dann wird es wohl möglich sein, den roten Faden zu erkennen, der uns eine ausreichende Darlegung dessen vermitteln kann, was Hume „the true origin of morals“ (575) nennt, und uns auch die Stationen dorthin erschließen hilft nebst vermuteter Hinweise auf seine verborgenen Quellen.

102 Letzteres insbesondere verdeutlicht J. L. Mackie, *Hume's Moral Theory* (London and New York 1980) 5, 120–129.

folgend im besonderen Fall) der Natur des Menschen näher, als unwillkürlich ein Mitgefühl in dem Augenblick zu verspüren, in dem ein anderer Mensch *unmittelbar* in großer Gefahr, Schmerzen zu erleiden, erlebt wird? Genau dieses Phänomen, ein Gefühl *für* Leid zu haben, deutet Hume an, indem er das Wort *pity* (*compassion* [381, 494]) im Sinne von *sympathy with another's pain* verwendet (385) und erläuternd von „aversion to [another's] misery" (382) spricht. Für dieses so beschriebene Phänomen wären dann auch noch *commiseration* (und [lateinisch] *misericordia*) sowie *tender-heartedness* Synonyme.[103] *Sympathy with another's pain (pity)* hat für ihn aber noch eine wichtige weitere Qualität, nämlich Sorge angesichts eines anderen Menschen Leid, <u>ohne</u> dass Freundschaft im Spiele ist („without any friendship […] to occasion this concern […]"). (369) In der achtzehn Jahre später umgearbeiteten und stark gekürzten Fassung seines zweiten Buches des *THN* (1739), unter dem Titel *A Dissertation on the Passions* (PW 4.137–166), wird er noch deutlicher (PW 4.157): „Compassion frequently arises, where there is no preceding esteem or friendship […]." Solchermaßen ist *sympathy* „the true origin of morals" (575), „which gives us" – um es zu wiederholen – „a just notion both of the *generosity* and *capacity* of our nature" (619).

---

103 Zur Bedeutung der genannten Synonyme für *sympathy* bzw. für *sympathize* im Allgemeinen und im Besonderen für *sympathy with another's pain* siehe *The Shorter Oxford English Dictionary* (Sh. O. E. D.). Dort finden wir u. a. unter *sympathize* (allgemein): „to feel sympathy; to have a fellow-feeling; to share the feelings of another or others"; und (speziell), worauf es uns bei Hume im moralphilosophischen Kontext ankommt: „to be affected with pity [!] for the suffering or sorrow of another, to feel compassion [!]". Unter *sympathy* (allgemein): „The quality or state of being affected by the condition of another with a feeling similar or corresponding to that of the other; the fact or capacity of entering into or sharing the feelings of another or others; fellow-feeling […]." Und speziell, dabei wieder moralphilosophisch einschlägig: „The quality or state of being thus affected by the suffering or sorrow of another; a feeling of compassion [!] or commiseration [!] […]." Im Übrigen werden die Wörter von solch ähnlicher oder gleicher Bedeutung s.v. *pity* („A feeling of tenderness aroused by the suffering or misfortune of another, and prompting a desire for its relief; compassion, sympathy ME [Middle English]."), compassion, commiseration im Sinne von *sympathy with another's pain* verdeutlicht. Humes wechselnde Verwendung der genannten Wörter spiegelt mehr oder weniger genau diese Sinnverwandtschaften wider. Diesbezüglich wird auch noch später (im Kontext der lateinischen *Mengzi*-Versionen [s. Kapitel 3]) das lateinische Wort *misericordia* i.S.v. „tender-heartedness, pity, compassion" (s. Lewis and Short, *A Latin Dictionary* [1879] [Oxford 1984] 1150/3) zu berücksichtigen sein.

In der frühen (1739), weit ausholenden und mitunter sehr verschlungenen Fassung des zweiten Buches des *THN,* unter dem Titel *Of the Passions,* führt Hume nun den Sachverhalt des *stranger* ein (369, 385). Ihn setzt er von solchen Personen ab (im dritten Buch des *THN,* in *Of Morals* z. B. 478), die sich für uns durch besondere (abgestufte) Beziehungen (in Verbindung mit „esteem" oder nur situativ bedingt) auszeichnen, z. B. *one's own children, nephews, cousins, friends, acquaintances, countrymen* und *foreigners,* kurz, nahe und fern stehende Personen (483 f, 491, 581, 603). Insoweit gehört allerdings „preference to ourselves" (491), oder Selbstliebe, ganz eindeutig an die erste Stelle, und danach kommen alle anderen Personen in Betracht, und letztendlich auch der *stranger.* Er spielt in Humes weiterer Argumentation zur näheren Bestimmung des *origin of morals* eine entscheidende Rolle (z. B. 488, 492, 576, 619). Denn „we pity even strangers, and such as are perfectly indifferent to us […]." (369), vgl. 576, 619) Diese Beobachtung findet eine aufschlussreiche Ergänzung, nämlich: „When we observe a person in misfortunes, we are affected with pity [sympathy with pain] and love [benevolence] […]." (389) Diesen Sachverhalt finden wir nur etwa vier Druckseiten nach dem sehr beachtlichen Gedankenexperiment, das Hume dadurch einleitet, dass er diesbezüglich sogar „the force of imagination" bedenkt. Er sagt:

> 'Tis certain, that sympathy is not always limited to the present moment, but that we often feel by communication the pains and pleasures of others, which are not in being, and which we only anticipate by the force of imagination. For supposing I saw [ich sähe] a person perfectly unknown to me, who, while asleep in the fields, was [wäre] in danger of being trod under foot by horses, I shou'd [ich würde] immediately run to his assistance; [die Erklärung dieses Verhaltens folgt sogleich, indem Hume fortfährt] and in this I shou'd [ich würde] be actuated by the same principle of sympathy, which makes me concern'd for the present sorrows of a stranger. (385)

Qualitativ käme dieselbe Güte [„kindness" (389) oder „cordial affection, compassion, sympathy" (494)] zur Wirkung, die wir bei besonderen Beziehungen (siehe oben) walten ließen. (389) Unstreitig gilt natürlich unsere größte Aufmerksamkeit uns selbst, gefolgt von der gegenüber unseren Verwandten und Bekannten. Letztendlich erreicht aber die von *sympathy with pain* gesteuerte Hilfsbereitschaft auch die von Hume sogenannten „strangers and indifferent persons" (488, vgl. 491). Diese Tatsache bringt er schlussfolgernd mit den Worten zum Ausdruck: „But the happiness of strangers affects us by sympathy alone." (619)

Im weiteren Zusammenhang des mitgeteilten Gedankenexperiments geht dieser Aussage über *sympathy with another's pain*[104] eine andere voraus. Hume sagt: „When I relieve persons in distress [wie einen *stranger asleep in the fields*], my natural humanity is my motive [...]." (579) Er hätte auch formulieren können, ohne den Sinn der beabsichtigten Aussage zu ändern, *my natural benevolence is my motive*. Unter Verwendung von Synonymen und Paraphrasen, also auch von *natural humanity* für *benevolence*, gibt er uns leicht nachvollziehbare Erklärungen für den angenommenen Sachverhalt der unmittelbaren Hilfsbereitschaft [zur Ausübung der *benevolence* oder der nur vorhandenen Bereitschaft dazu], und zwar zugunsten des gefährdeten *stranger*. Noch ein einschlägiges Beispiel für seine Verwendung des Wortes *benevolence* belegt diesen Sachverhalt. Er sagt im zweiten Buch des *THN:* „Benevolence [...] arises from a great degree of misery, or any degree strongly sympathiz'd with [...]." (387) Oder: „[...] when the misery of a beggar appears very great, or is painted in very lively colours, we sympathize with him in his affliction, and feel in our heart evident touches of pity [sympathy with another's pain] and

104 Das „immediately" entstehende und die mögliche Hilfsaktion in Gang setzende (beginnende) „principle [also im Sinne von *Anfang* zu verstehen] of sympathy [with another's pain]" (hier gegenüber dem *stranger* „asleep in the fields" [385]) ist völlig frei von egoistischen Implikationen; weder unbewusst noch bewusst sind eigene Interessen der zufällig (hier angenommenen) beobachtenden Person im Spiel. Der von Hume als Gedankenexperiment vorgestellte und kurz und knapp geschilderte Beispielsfall – einer durchaus realitätsnahen Begebenheit – bringt insbesondere zum Ausdruck, dass es sich dabei nicht um das Ergebnis interessengeleiteter Erwägungen seitens des Beobachters handelt. Eigeninteressen irgendwelcher Art schließt Hume durch die Schilderung seines Beispielsfalles geradezu aus; diese sind nicht vorhanden und auch im weiteren Kontext nicht indiziert. In einer sehr gründlichen, bis ins Detail gehenden Abhandlung hat schon E. B. McGilvary, „Altruism in Hume's *Treatise*", in *Philosophical Review* XII (1903): 272–298, 294 fn 3, überzeugend argumentierend verdeutlicht: „[...] Hume's psychological account of sympathy [im Kontext der Gesamtdarstellung] [...] has absolutely no egoistic implications. The question is not whether the psychology of sympathy in the *Treatise* is perversely ingenious, but whether it is egoistic." Zu bedenken ist ja auch noch, dass der betroffene *stranger*, der das [Mit]gefühl der beobachtenden Person unmittelbar aufkommen lässt, selbst überhaupt keine eigenen Gefühle bezüglich der gefährlichen Situation, in der er sich befindet, haben kann, weil er schläft. Später hat Philip Mercer, *Sympathy and Ethics* (Oxford 1972), völlig richtig darauf hingewiesen: „[...] it is clear that Hume thinks that ‚sympathy' refers to an involuntary process over which we have no control." (36)

benevolence." (387, vgl. 382, 388) *Benevolence* folgt also *sympathy with another's pain;* in anderer Ausdrucksweise: *sympathy with another's pain* ist der Anfang (Ursprung, lateinisch *principium*) von *benevolence,* also *the principle of benevolence* (vgl. 385, 387, 388, 389).[105] Oder sinngemäß: Bedingt durch *sympathy with a person's uneasiness* entstehen *pity* und *benevolence.* (vgl. 388)

Nun sind Phänomene des Wohlwollens (*benevolence* im Sinne von *natural humanity* [579]) für Hume nur „calm passions" (417) und gegenüber „strangers and indifferent persons" (488) vergleichsweise am schwächsten ausgebildet; vor allem aber ist anfängliche *benevolence* im Allgemeinen in der

---

105 Im gegebenen Zusammenhang und im Vergleich von *THN* mit *EPM* ist zu beachten, dass das Wort „principle" auch als Beginn (Anfang) einer einsetzenden Verhaltensweise verstanden werden muss, im Sinne von lateinisch *principium,* „that from which something takes rise" (siehe Sh. O. E. D. s.v. *principle*). Über diesen Sachverhalt schreibt Stephen D. Hudson, *Human Character and Morality* (Boston [...] 1986) auf Seite 66, seine Leser vor Fehlinterpretationen bewahrend, dass der Sprachgebrauch des damaligen Zeitalters zu bedenken sei. Sein Hinweis lautet ausführlich wie folgt: „Hume sought an account of the ‚origin of morals.' In his terminology, he sought the *principles* of morality [bzw. 1751 „the principles of morals" (im Buchtitel) und „the general principles of morals" und „to discover the true origin of morals" *EPM*, SB 169, 173]. Nothing less would establish him as the Newton of practical philosophy. But the meaning of the word ‚principle' has changed since Hume's day; we have lost the strong sense in which ‚principle' connoted ‚origin, source, commencement, fundamental and ultimate quality.' But it is exactly that sense which Hume and his compatriots recognized and used. [...] to refer to the *springs of action* – [...] to the starting point of action. [...] But ,principle' is not used to mean only ,origin.' It is also used, quite naturally, to refer to a fundamental quality [...]." Solchermaßen verwendet Hume das Wort *principle* in unterschiedlicher Weise in Verbindung mit *sympathy* und bezüglich der Entstehung von *benevolence.* Im Gedankenexperiment auf Seite 385 ist „principle of sympathy" auch gemeint i.S.v. *fundamental quality of sympathy;* und *sympathy* i.S.v. *sympathy with another's pain (pity)* ist der Anfang *(starting point)* des Wohlwollens *(benevolence),* und insofern ist *benevolence* ein *principle* (Anfang/ Ausgangsbasis/Ursprung) *of morals / origin of morals (EPM,* SB 169, 173). Im *THN* (wie dargelegt) entsteht *benevolence* aus *sympathy with another's pain,* mit anderen Worten: [Mit] Gefühl mit Schmerz und Leid einer anderen Person (sympathy with another's pain/pity) ist der Anfang (Ursprung) des Wohlwollens und gegebenenfalls des Wohltuns. Vgl. die sehr gründliche Analyse dieses Sachverhalts bei Rico Vitz, „Sympathy and Benevolence in Hume's Moral Psychology", in *Journal of the History of Philosophy* 42 (2004): 261–275; insbes. 265–267; der Autor kommt zum Ergebnis (und unterstreicht somit den hier beschriebenen Sachverhalt), indem er feststellt: „Hume consistently affirms that sympathy is a psychological mechanism [principle] that causes benevolent motivation." (275 [274] cf. 267) Vgl. noch J.L. Mackie, a.a.O. [Fn 102], 13 („[...] sympathy can easily generate benevolence."), siehe auch 120 f.

ursprünglichen Natur des Menschen zu schwach, „to counter-balance the love of gain" (492, vgl. 488, 491).[106] Aber die in der Natur des Menschen so schwach angelegte und auf dieser Grundlage meistens auch nur unvollkommen ausgebildete Mitmenschlichkeit würde uns unter Umständen vielleicht doch in die Lage versetzen, „to counter-balance the love of gain" (492). In Humes anschließender Feststellung klingt immerhin eine solche Möglichkeit an: „Tho' there was no obligation to relieve the miserable [z. B. *the stranger asleep in the fields*], our humanity wou'd lead us to it; […].“ (518) Wohlwollen und gar Wohltun, jegliche nützliche (oder auch letztendlich nutzlose) Verhaltensweise, erfolgte also (in fast allen Fällen) zunächst auf natürliche Weise aufgrund sanften inneren Zwangs. Das zu verdeutlichen, ist sein *stranger*-Gedankenexperiment gut gewählt und überzeugend.

Diesen Sachverhalt verdeutlicht er also noch dadurch, dass er im dritten Buch seines *THN* (3.1.1.) die Fähigkeit besonders hervorhebt, die in der Natur

---

106 Genau das ist Humes Auffassung gewesen, die er in unterschiedlichen Formulierungen bis zum 12. August 1776 (s. u. Kapitel 4.7 [vorletzter Textabschnitt]) zum Ausdruck gebracht hat. So wäre das Motiv, gegebenenfalls irgendeiner fremden Person, die beispielsweise bevorstehendem (auch unbewusstem) Schmerz und Leid ausgesetzt ist (wie in Humes Gedankenexperiment des *stranger-asleep-in-the-fields*), zu helfen, natürliches uneingeschränktes Wohlwollen (*extensive benevolence;* Hume spricht auf Seite 579 *THN* synonym für *benevolence* von „natural humanity"), was durch *sympathy with another's pain* ausgelöst wird; cf. 492, 518. Vgl. auch R. Vitz [Fn 105] 271. Hume verstärkt seine diesbezügliche Auffassung, indem er folgendermaßen argumentiert (Ich fasse seine verstreuten Äusserungen zusammen.): Wäre das *natürlich* vorhandene Wohlwollen *(benevolence, humanity)* des Menschen nicht so <u>schwach</u> gegenüber in Not geratenen „strangers and indifferent persons" (488), wären zu erfindende und durch Zwang abzusichernde (also künstliche) Verhaltensnormen (Moralnormen und Gesetzesnormen) überflüssig. Auf den Seiten 495 bis 496 *THN* schreibt er: „[…] since 'tis allow'd, that if men were endow'd with such a benevolence [strong extensive benevolence (495)], these rules [of justice] would never have been dreamt of." (496) Im Weiteren beleuchtet er diesen Sachverhalt durch synonyme Verwendung von „confin'd benevolence" (496) oder von „confin'd generosity" (499, 519); oder er formuliert: „Were we […] to follow the natural course of our passions and inclinations, we shou'd [wir würden] perform but few actions for the advantage of others, from disinterested views; because we are naturally very limited in our kindness and affection […]." (519) Humes Auffassung bekräftigt 1903 McGilvary mit guten Gründen wie folgt: „It is often represented that in the *Treatise* extensive benevolence is regarded as the result of artificial conditions. This is not true. What is absent ,in uncultivated nature' is not extensive benevolence, but ,strong extensive benevolence'." (a. a. O. [Fn 104], 296 fn 5)

des Menschen angelegt ist, nämlich *sympathy with another's pain* empfinden zu können. Dementsprechend wird der junge David Hume schon 1740 sehr deutlich: „The person is a stranger: I am no way interested in him, nor lie under any obligation to him: His happiness concerns not me, farther than the happiness of every human, and indeed of every sensible creature: That is, it affects me only by sympathy." (588, vgl. 481, 579)

Im weiteren Verlauf seines Textes kontrastiert er dann *benevolence* und *justice*. Nach sehr umfangreichen Untersuchungen in Bezug auf *justice* kommt der juristisch ausgebildete Autor zu folgendem Ergebnis: „Tho' justice be artificial, the sense of its morality is natural. 'Tis the combination of men, in a system of conduct, which renders any act of justice beneficial to society. But when once it has that tendency, we *naturally* approve of it [...]." (619–620; vgl. 496) Der Weg zu diesem Ergebnis, das bald nach der Veröffentlichung des *THN* erhebliche Irritationen und eine öffentliche Kontroverse auslöste, so dass sich der anonym agierende Autor zu einer klarstellenden Selbstinterpretation veranlasst sah, ist bereits durch seine *justice* kontrastierende Auffassung des Wohlwollens *(benevolence)* vorgezeichnet. Da nämlich im Hinblick auf die ausgeprägte Gewinnsucht der meisten Menschen in Verbindung mit „*selfishness*" und „*confin'd generosity of men, along with the scanty provision nature has made for his wants*" (495) das anzutreffende Ausmaß des Wohlwollens zur Existenzsicherung der gesellschaftlich miteinander verbundenen Menschen nicht ausreicht, entsteht ein Interesse an Gesetzesnormen („rules" oder „laws of justice"). Diese müssen aber, da in der Natur (von-selbst-so) nicht vorhanden, so Hume, erst noch erfunden und etabliert werden. Menschenkunst ist also notwendig, „to counter-balance the love of gain" (492). Insoweit haben Beobachtung und Erfahrung gezeigt, dass Abhilfe *artificially* möglich ist. Er kann daher argumentieren (483, 484), dass *benevolence* im Unterschied zu *justice* ohne Weiteres zwar natürlich ist (siehe *LG* [1745] 120), aber, weil nur schwach in der Natur des Menschen ausgebildet, in der Gesellschaft zu deren Fortbestand und zum Wohlergehen aller Mitglieder durch *justice* zu ergänzen ist. Solche Ergänzung findet nun statt, und zwar auf der Grundlage von Gesetzesrecht *(laws* [rules] *of justice)*, Gewohnheitsrecht *(human conventions and conduct)* und Erziehung (483), ohne deshalb willkürlich oder moralisch unnatürlich zu sein. Diese Argumentation unterstreicht er durch die Feststellung: „[...] those laws of justice are so far to be consider'd as *artificial* [...], [but] the sense of morality in the observance of these rules follows *naturally,* and of itself [...]." (533, vgl. 496) Dementsprechend lautet die merksatzähnliche Formulierung wie folgt: „Tho' justice be artificial, the sense of its morality is natural." (619)

Auf die letztendlich sehr mächtige Rolle der *sympathy* in diesen Zusammenhängen kommt Hume später wieder zu sprechen, indem er resümiert: „Thus it appears, *that* sympathy is a very powerful principle in human nature, *that* it has a great influence on our taste of beauty, and *that* it produces our sentiment of morals in all the artificial virtues." (577–578) Dieses Resümee steht im Kontext seiner uns bereits bekannten Beobachtung über die Abstufungen in der Wahrnehmung unserer Zuneigungen und gegebenenfalls pflichtgemäßen Einstellungen anderer Personen gegenüber bis hin zum *stranger,* dem in Gefahr für Leib und Leben <u>allein</u> aus *sympathy with pain* <u>unmittelbar</u> Hilfe zuteil würde. Er formuliert diesen Sachverhalt, der sich leicht beobachten lässt, aus gutem Grund sehr ausführlich:

> A man naturally loves his children better than his nephews, his nephews better than his cousins, his cousins better than strangers, where every thing else is equal. Hence arise our common measures of duty, in preferring the one to the other. Our sense of duty always follows the common and natural course of our passions. (483–484)

Schließlich begegnet uns diese festgestellte Beobachtung noch einmal (etwa einhundert Seiten später), in einer abgewandelten, sachlich betrachtet nicht neuen, aber dennoch aufschlussreichen Version mit Bezug auf *sympathy:*

> We sympathize more with persons contiguous to us, than with persons remote from us: With our acquaintance, than with strangers: With our countrymen, than with foreigners. But notwithstanding this variation of our sympathy, we give the same approbation to the same moral qualities in *China* [!] as in *England.* (581)

Humes bisherige Beobachtungen sind somit auch geeignet, zweierlei zu widerlegen: Erstens, die Auffassung eines dominierenden extremen und völlig ungehemmten und ausschließlichen Egoismus in der Natur des Menschen. Im jeweiligen Kontext verwendet er diesbezüglich die Wörter *selfish, selfishness, self-love* oder *self-interest* und sagt beispielsweise „[...] 'tis as rare to meet with one, in whom all the kind affections, taken together, do not over-balance all the selfish." (487, vgl. 480, 494, 495, 499, 519); und an anderer Stelle: „We make allowance for a certain degree of selfishness in men; because we know it to be inseparable from human nature, and inherent in our frame and constitution." (583). Somit liegt es nahe, diesbezüglich von einem partiell und situativ reduzierten Egoismus zu sprechen. Und zweitens, er widerlegt das entgegengesetzte Extrem, nämlich die Annahme einer natürlich vorhandenen, von Menschen zu leistenden und alle Menschen gleichermaßen umfassenden Zuneigung. Er ist der festen Überzeugung „[…] that there is no such passion in human minds, as the love of mankind, merely as such, independent of personal qualities, of services, or of relation to ourself". (481) Im Übrigen verwendet er in solchem Kontext auch die Worte „universal affection to mankind" (481) und „universal love among all human creatures" (481), um seine diesbezügliche Position zum Ausdruck zu bringen und solchermaßen einen umfassenden Altruismus als unhaltbare Auffassung ebenso zurückzuweisen wie einen vollständig dominierenden Egoismus.[107]

Im Ergebnis vertritt David Hume bereits in seinen frühen Jahren sehr dezidiert einen natürlichen, situativ bedingten Altruismus auf der Grundlage des *sympathy-with-another's-pain*-Prinzips, wozu ihn seine umfangreichen Untersuchungen, wie im *THN* dargelegt, genügend Anlass geben. Dementsprechend spielt sein Gedankenexperiment eines in Lebensgefahr geratenen Fremden *(stranger),* dem ein unparteiischer Beobachter, erfasst von spontan aufkommendem Mitgefühl, unmittelbar Wohlwollen entgegenbringen und vielleicht Wohltun zukommen lassen würde, eine beweiskräftige Rolle bei seiner Argumentation, die, insoweit empirisch gestützt, an Überzeugungskraft gewinnt. In ihrer allgemeinen Erscheinung und Wirkungsweise ist daher *sympathy with another's pain* tatsächlich der gesuchte wirkliche Ursprung der Moral, „the true origin of morals" (575). In einer ergänzenden Stellungnahme

---

107 Diese Auffassung ist seit McGilvarys Abhandlung 1903 (s. Fn 104] 272ff) herrschende Meinung. Vgl. John Laird, *Hume's Philosophy of Human Nature* [1932] (New York and London, 2nd ed. 1983) 198; Norman Kemp Smith, *The Philosophy of David Hume* (London and New York 1964) 142f; Philip Mercer, a. a. O. [Fn 104] 44, 55; J. L. Mackie, a. a. O. [Fn 102] 149; A. J. Ayer, *Hume* (Oxford 1980) 82; Gerhard Streminger, *David Hume* (Paderborn 1994) 221, 223 f.

Insoweit können wir auch noch konstatieren, dass eine gründliche Untersuchung der Moralphilosophie David Humes die Annahme widerlegt, er habe behauptet, dass wir das Wohl einer anderen Person nur als Mittel für unser eigenes Wohlergehen betreiben.

(siehe den mit * gegebenen Hinweis auf Seite 500, Zeile 2 *THN*) beleuchtet er dieses Ergebnis noch einmal aus einer anderen Perspektive:

> Thus *Self-interest* is the original Motive to the *Establishment* of Justice: but a Sympathy with *public* Interest is the Source of the *moral* Approbation, which attends that Virtue. This latter Principle of Sympathy is too weak to controul [sic] our Passions; but has sufficient Force to influence our Taste, and give us the Sentiments of Approbation or Blame. (*Hume's manuscript amendment to the first [original] edition* [*Textual Notes,* 670])

Sympathy with another's pain ist dann auch der <u>Anfang</u> von *benevolence – a calm passion* (417) – und mildert somit den in unserer Natur vorherrschenden, aber nicht ausschließlichen Egoismus zugunsten – wie gesagt – eines natürlichen, situativ modifizierten Altruismus, wenngleich auch eines unter Umständen bloß schwach ausgebildeten, soweit es sich um *strangers* und *indifferent persons* handeln würde. Daher liegt es nahe, wie von Hume dargelegt, *benevolence* durch *justice* zu ergänzen. So beurteilt er den Sachverhalt im *THN*, indem er noch sagt, dass nur „strong extensive benevolence" *justice* überflüssig machen würde (495–496). Somit hat er auch indirekt eine Antwort gegeben auf die Frage nach „wickedness or goodness of human nature" (492).

Wir sind nun zum Anfang unserer Sachverhaltsdarstellung zurückgekehrt. Im Folgenden werden noch Humes nicht unbeachtliche Selbstinterpretationen der Jahre 1741 und 1745 herangezogen, um zu zeigen, wie er seine Hauptergebnisse der Jahre 1739 und 1740 in anschließenden Texten verteidigt und, wo erforderlich oder ratsam, mit Auslegungen behilflich ist.

2   Humes anschließende Selbstinterpretationen (1741, 1745). Bereits im Jahr 1741, nur etwa ein beziehungsweise zwei Jahre nach dem anonym publizierten *THN*, nimmt der damals erfolglose Autor in dem Essay *Of the Dignity or Meanness of Human Nature* zur Verteidigung seiner (klugen) Altruismusauffassung Stellung; wiederum anonym. Damit tritt er auch in seinem Zeitalter der herrschenden theistisch geprägten Überzeugung bezüglich der Natur des Menschen mutig entgegen. Sein Argument lautet: „Were our selfish and vicious principles so much predominant above our social and virtuous, as is asserted by some philosophers, we ought undoubtedly to entertain a contemptible notion of human nature." (zitiert nach *Essays* [ed. Miller] 80–86, 84)

Noch ein weiteres Textstück, in dem Hume Aussagen seines *Treatise* interpretiert, ist sehr beachtlich und besonders aufschlussreich; es geht dort um die Merkmale und das Verhältnis von *benevolence* und *justice*. Es findet sich in Humes *A Letter from a Gentleman to His Friend in Edinburgh: Containing some OBSERVATIONS on a Specimen of the Principles concerning RELIGION and MORALITY, said to be maintain'd in a Book lately publish'd, intituled, A Treatise of Human Nature, &c.* (Edinburgh 1745, anonym erschienen; abgekürzt *LG*). Im sechsten und letzten Abschnitt verteidigt sich der missverstandene und selbstkritische Autor (d.h. er lässt sich [fingiert] verteidigen [so der Duktus des Textes]) gegen den Vorwurf, die „Foundations of Morality" (118) zu untergraben. Dabei ist es im Wesentlichen sein Anliegen, noch einmal aus gegebenem Anlass die wichtige Unterscheidung von *natural* und *artificial* in Bezug auf *virtues* darzulegen, um solchermaßen diesbezügliche Textstücke des *THN* (s. o.) gegen Entstellungen abzusichern. Dieses Unternehmen lässt an erfreulicher Deutlichkeit kaum etwas zu wünschen übrig. Nach einer erforderlichen, aber umständlichen Vorbemerkung, nämlich, dass der Autor (also er selbst) es tatsächlich <u>verneint</u> habe, (hier gekürzt wiedergegeben) „[t]hat the Propositions of Morality were […] not the *Feelings* of our internal *Tastes* and *Sentiments*" (*LG* 118), lautet jetzt seine Klarstellung (beispielsweise bzgl. *THN* 483, 484) kurz und bündig, nahezu formelhaft:

> By the *natural Virtues* he [Hume] plainly understands *Compassion* [pity, sympathy with pain (s. o.)] and *Generosity* [benevolence, humanity, kindness], and such as we are immediately carried to by a *natural Instinct*; and by the *artificial Virtues* he means *Justice, Loyalty,* and such as require, along with a *natural Instinct*, a certain Reflection on the general Interests of Human Society, and a Combination with others. (*LG* 120)

Einen weiteren Text, der auf diesen Sachverhalt Bezug nimmt und der als Verbindung zwischen seinen früheren moralphilosophischen Texten und dem *EPM* (1751) angesehen werden kann, veröffentlicht David Hume 1748, und in diesem Jahr tritt er erstmalig nicht mehr anonym als Gelehrter und Schriftsteller in Erscheinung. An zweiter Stelle in seinen *Three Essays, Moral and Political: Never before published,* präsentiert er also den Essay *Of the Original Contract* (29–54). In diesem Text wiederholt er leicht abgewandelt seine früher dargelegte Unterscheidung von *benevolence* und *justice*. Diesbezüglich spricht er jedoch nicht mehr von *virtues*, sondern sachlich nicht unangemessen (und vermutlich um keinen erneuten Anstoß zu erregen) von *moral duties*. Im ersten Teil seiner jetzigen Aussage stimmt er im Wesentlichen mit der Feststellung im *LG* (1745) überein, indem er von *natural instinct* spricht, der in uns (unter gegebenen Umständen) unmittelbar, also ohne vorausgehende Nützlichkeitserwägungen, *compassion* und *generosity* hervorruft. Er formuliert somit, was hier in voller Länge aus dem Originaltext der ersten Auflage von 1748 wiedergegeben sei; ungekürzt auch deshalb, weil dieses Textstück nach den erfolgreichen Essays seine spätere Darstellung im *EPM* verständlicher machen wird und *ex post* die frühen einschlägigen Textstücke des *THN*, wie gesagt, interpretatorisch verdeutlicht. Im Übrigen wird auch ein roter Faden sichtbar werden, der in unserem Zusammenhang und in Verbindung mit seiner (neuen) Moraltheorie seine Texte von 1739 bis 1751 durchzieht. Seine beiden Abschnitte lauten:

> All *moral* Duties may be divided into two Kinds. The *first* are those, to which Men are impell'd by a natural Instinct or immediate Propensity, that operates in them, independent of all Ideas of Obligation, and of all Views either to public or private Utility. Of this Nature are, Love of Children, Gratitude to Benefactors, Pity to the Misfortunate. When we reflect on the Advantage, that results to Society from such humane Instincts, we pay them the just Tribute of moral Approbation and Esteem: But the Person, actuated by them, feels their Power and Influence, antecedent to any such Reflection.

> The *second* Kind of moral Duties are such as are not supported by any original Instincts of Nature, but are perform'd entirely from a Sense of Obligation, when we consider the Necessities of human Society, and the Impossibility of supporting it, if these Duties were neglected. 'Tis thus *Justice* or a Regard to the Property of others, *Fidelity* or the Observance of Promises, become moral Duties [seit der Textausgabe von 1777 steht an dieser Stelle im Text, sachlich angemessen, „obligatory"], and acquire an Authority over Mankind. For as 'tis evident that every Man loves himself better than any other Person, he is naturally impell'd to acquire as much as possible; and nothing can ever restrain him, in this Propensity, but Reflection and Experience, by which he learns the pernicious Effects of that Licence, and the total Dissolution of Society, which must ensue from it. His original Inclination, therefore, or Instinct is here check'd and restrain'd by a subsequent Judgment or Observation. (*OC* 1748, 48–49; vgl. auch in *Essays* [ed. Miller] 479 f bzw. in *Essays*, PW 3. 454 f)

3

Die frühen *Mengzi*-Versionen in Europa (1711, 1735, 1738)

1.1 Die lateinische Version von François Noël (1711). Siebzig Jahre bevor David Hume geboren wird und die erste vollständige *Mengzi*-Version von F. Noël erscheint, taucht bereits in Europa der Name Mengzi (Meister Meng) auf, in lateinischer Ausdrucksweise meistens Mencius. Dieser große alte chinesische Meister (Philosoph) soll von 371 bis 289 v. Chr. gelebt haben. An Bedeutung und Einfluss auf China wird er nur von Confucius (Kongzi) übertroffen, dessen Lehre er in Auseinandersetzung mit ernst zu nehmenden Konkurrenten durch seine weiterführende Ausgestaltung zum Durchbruch verholfen hat; beider Lehren, von vielen späteren Philosophen aktualisiert und immer wieder kommentiert, sind schließlich sowohl zur herrschenden Moralphilosophie als auch zur staatsphilosophischen Doktrin in China und darüber hinaus in Ostasien geworden. Nahezu zweitausend Jahre später findet dann die atheistische Lehre des Mengzi auch in Europa die ihr gebührende Aufmerksamkeit von Theologen und Philosophen. Nach Semedo (1641 [siehe Kapitel 1.2]) ist es Martini (1658), der sogleich die moralphilosophische Hauptthese des Mengzi beleuchtet und den europäischen Gelehrten einen neuartigen Diskussionsstoff liefert. Insbesondere unterstützt durch die Darstellung von Navarrete (1676) kommt damals bereits deutlich zum Ausdruck, dass die ohne Schöpfergott gedachte Weltanschauung zu einer Philosophie führt, die, empirisch argumentierend, in der Natur des Menschen selbst die Voraussetzungen für mitmenschliche Güte *(benevolentia)* sieht. Mit den antiken europäischen Philosophen im Vergleich, den Navarrete zu bedenken gibt, liegt es nahe, die Lehre des Mengzi der des Cicero in seinem berühmten Werk *De officiis* zu kontrastieren, um das Neue bei Mengzi nicht zu übersehen.

In Nanking 1599, so berichtet Matteo Ricci (darüber informiert uns Jacques Gernet höchst sachkundig)[108], war er bei einer Diskussion chinesischer Gelehrter anwesend, in der die immer wieder seit ältesten Zeiten behandelte Frage aufgeworfen wurde, ob die Natur des Menschen selbst gut, schlecht oder indifferent sei; „and", so schreibt Ricci weiter, „[…] because they are even less aware of nature corrupted by original sin and God's aid and grace, this question has remained unresolved and undecided right down to the present day"[109]. Genau diese Frage diskutiert Mengzi mit Gelehrten seines Zeitalters. Seine gottlose Lehre trägt dann entscheidend dazu bei, empirisch überprüfbare Antworten und einen vertretbaren festen Standpunkt zu finden.

Den gesicherten Standpunkt vermittelt den Europäern im Geburtsjahr David Humes die erstmalige vollständige *Mengzi*-Übersetzung in lateinischer Version von François Noël. So wurden die westlichen Gelehrten durch einschlägige Textstücke mit einer ganz anderen Lehre konfrontiert (siehe Kapitel

---

108 Siehe Jacques Gernet, *China and the Christian Impact. A Conflict of Cultures* (Cambridge 1985). Dabei handelt es sich um eine Übersetzung aus dem französischen Original unter dem Titel *Chine et christianisme, action et réaction* (Paris 1982). Eine zweite durchgesehene und korrigierte Fassung erschien neun Jahre später unter dem etwas veränderten Titel *Chine et christianisme, la première confrontation* (Paris 1991). Eine deutsche Übersetzung der ersten Auflage ist unter dem leicht missverständlichen Titel *Christus kam bis China – Eine erste Begegnung und ihr Scheitern* (Zürich und München 1984) veröffentlicht worden.

Jacques Gernets Werk – er ist auch der Verfasser des großen und umfassenden Standardwerkes *Le Monde chinois* (Paris 1972), deutsche Übersetzung *Die chinesische Welt* (Frankfurt a. M. 1979) – ist nicht nur ein Glücksfall für die Philosophie und die diesbezüglich transeuropäische Einflussforschung, sondern auch für die Anbahnung eines grundsätzlichen und weit reichenden Perspektivwechsels in Sachen Religions- und Theologiekritik. Denn nicht selten geht die bei ihm zu studierende profunde Kritik chinesischer, vor allem confucianistischer Gelehrter am Christentum (insbesondere im 17. Jahrhundert zur Zeit der christlichen Mission in China) erheblich über das hinaus, was damals europäische Gelehrte an Theologiekritik – oft unter Lebensgefahr – zu leisten imstande waren (so bspw. P. Bayle). Wie hätte wohl David Hume solche Kritik begrüßt und noch verstärkt, wenn er auch darüber informiert gewesen wäre so wie wir heute dank Gernets bahnbrechender Darstellung? Ich zitiere im Folgenden nach der englischen Ausgabe wie oben angegeben.

109 Ibid. 150.

1.2 und 1.3). Bei aufmerksamer Lektüre der kommentargestützten Version Noëls, die sich mitunter noch erläuternder (aber auch fragwürdiger) Paraphrasen bedient, wurde dem mit der antiken europäischen Philosophie vertrauten Leser doch sehr bald bewusst, dass die confucianistische Sichtweise, auch an antiken Maßstäben gemessen, Europa einen Weg zu einer neuen (theologiefreien) Moralphilosophie ermöglicht. Auch darum hat sich Noëls Werk im achtzehnten Jahrhundert (von kritischen Einwänden aus heutigem Wissensstand abgesehen) verdient gemacht.[110] Um die lateinische Version der moralphilosophisch einschlägigen Textstücke aus dem *Mengzi* mit den (allerdings wesentlich umfangreicheren) Erörterungen David Humes (siehe Kapitel 2) zu vergleichen, versucht der nächste Abschnitt zunächst den folgenden Überblick.

1.2 Überblick. Memcius (sic) ist der lateinischen Version Noëls[111] zufolge der Auffassung, dass es schwierig sei, die Natur des Menschen zu erkennen. Um jedoch feststellen zu können, dass sie (prinzipiell) gut ist, rät er in seinen Diskursen, die natürliche Neigung der menschlichen Natur zu untersuchen. Dabei geht er selbstverständlich davon aus, dass eine solche Untersuchung mit aufmerksamer Beobachtung menschlichen Verhaltens beginnen muss. Seinerseits lässt er sich von folgender Hypothese leiten: Von Natur aus haben *alle* Menschen anfänglich (angeboren) eine sich gefühlsmäßig regende Veranla-

---

110 Der Titel seiner lateinischen *Mengzi*-Version lautet: Sinensis imperii liber quartus classicus *dictus* Memcius, *sinice* Mem Tsu, in: [F. Noël] Sinensis imperii libri classici sex <u>nimirum</u> adultorum schola, immutabile medium, liber sententiarum, Memcius, filialis observantia, parvulorum schola, *e Sinico idiomate in latinum traducti* P. Francisco Noël, Societatis Jesu Missionario, Superiorum Permissu, (Prag 1711, s. Literaturverzeichnis, Quellentexte) 199–472. Sehr wertvolle sachdienliche und ausführliche Informationen über die Berücksichtigung der chinesischen Kommentarliteratur bei der Abfassung der lateinischen Version bietet insbesondere Iso Kern (s. Kapitel 1.2 [Fn 14]); s. auch M. Albrecht, a.a.O. [Fn 59], XXVII, XXXII; Xiusheng Liu (2003), a.a.O. [Fn 6], 49 fn 4, 192. Noch James Legge verweist in seiner eigenen monumentalen Übersetzungsarbeit nicht nur auf Julien, sondern auch auf Noëls Version, siehe bspw. Seite 331 in J. Legge, *The Chinese Classics*, vol. II [1861] (Hong Kong 1960, reprint 1970).

111 Die Gliederung des Buches *Mem Tsu (Memcius)* weicht in der Präsentation Noëls von der heute üblichen ab. Die 14 Textteile sind wie folgt gegliedert: I.I.-I.VI. sowie II.I.-II.VIII. Dies entspricht der Gliederung bei J. Legge in 7 Teile mit jeweils 2 Unterteilungen oder bspw. der bei D.C. Lau, *Mencius* (Harmondsworth 1970, rev. ed. 2004).

gung (Neigung), unter gegebenen Umständen Schmerz und Leid in Anbetracht auch irgendeiner fremden Person [mit]zuempfinden. Allerdings waren nur die weisesten Herrscher der lange zurückliegenden Vorzeit in der Lage, sich diese natürliche Veranlagung zu bewahren und menschenfreundlich zur Entfaltung zu bringen, um eine von [Mit]gefühl fundierte gütige Herrschaft auszuüben.

Dass *prinzipiell* (i.S.v. ursprünglich) eine solche gefühlsmäßige Neigung zur Natur des Menschen gehöre, diese seine auf Erfahrung beruhende Annahme versucht Mengzi sozusagen proto-empirisch (experimentell) unter Beweis zu stellen. In der Folge und unter der Voraussetzung, seine Annahme akzeptabel und nachprüfbar bewiesen zu haben, vertritt er auch die Auffassung, dass erst das [Mit]gefühl, das Gefühl für *Schmerz und Leid* unter gegebenen Umständen einer jeden fremden Person gegenüber, den Menschen zum eigentlichen Menschen macht. Solche [mit]fühlende und plötzlich (unmittelbar) zum Ausdruck kommende Veranlagung der menschlichen Natur ist dann als das erste Anzeichen von natürlicher Mitmenschlichkeit (Güte) zu verstehen.

Diese Auffassung und seine Verteidigungsargumente Widersachern gegenüber sowie seine entschiedene Kritik an Yang Zhus Befürwortung eines extremen Egoismus und an Mozis (Mo Dis) extrem altruistisch gearteter Lehre steht und fällt mit dem von mir so bezeichneten *Brunnenkind-Beispielsfall* (BK-BspF). Dieser Beispielsfall ist es auch, der den Mengzi in der Nachfolge des Kongzi bis heute berühmt gemacht hat. Von damals bis in die Gegenwart ist dieser Beispielsfall immer wieder (und besonders in China im Zeitalter der beginnenden christlichen Mission) im Umkreis moralphilosophischer Diskurse zum Gegenstand von Erörterungen geworden. In Europa taucht dieser Beispielsfall erstmalig und vollständig bei F. Noël in lateinischer und leicht nachvollziehbarer Version auf. In der Reihe der hier im Folgenden ausgewählten und übersetzten dreizehn Textstücke steht er an dritter Stelle.

1.3   Die ausgewählten *Mengzi*-Textstücke gemäß F. Noël[112]

Mem1

Omnes quidem, addit Memcius, piam quamdam cordis affectionem, qua de aliena miseria dolent, a natura comparatam habent; sed plerique hominum pravis suis cupiditatibus ingenitam hanc animi teneritudinem extinguunt: soli illi praeteritorum saeculorum Imperatores sapientissimi potuerunt illam illibatam in se conservare atque juxta hanc teneram animi indolem benignum & humanae miseriae condolens regimen exercere. (I.III.44. Seite 265)

> [Übersetzung] Sicherlich haben alle [Menschen], fügt Memcius hinzu, eine von der Natur verschaffte gütige Herzensneigung, durch die sie Schmerzen bei fremdem Leid mitempfinden; aber die meisten Menschen löschen diese angeborene Zartheit des Herzens durch ihre schlechten Begierden aus: Nur jene weisesten Herrscher der vergangenen Jahrhunderte konnten jene [Zartheit des Herzens] unvermindert in sich bewahren und wegen dieser zarten Veranlagung des Herzens eine gütige und eine menschliches Leid mitempfindende Herrschaft ausüben.

Mem2

Jam vrro [Druckfehler, richtig ist vero] quid sit, & unde dignoscatur in omnibus hominibus esse illa commiserans teneri cordis affectio, ex hoc uno experimento conjice. (I.III.45. Seite 266)

> [Übersetzung] Ferner, was jene mitleidende Neigung des zarten Herzens ist und wodurch erkannt wird, dass sie in allen Menschen vorhanden ist, das folgere aus diesem einen Erfahrungsbeweis.

Mem3

En quis derepente videt qualemcumque infantem jamjam in puteum lapsurum; quicumque vir sit ille spectator, protinus toto corde ad commiserationem commovetur; commovetur autem, non quia cogitat aliquam amicitiae testificationem infantis patri aut matri exhibere nec quia a concivibus, vicinis, sociis, amicis aliquam vult laudem expiscari; nec quia timet ab obtrectatoribus turpiduri

---

112 Im Folgenden werden die zum Vergleich mit David Humes moralphilosophischen Aussagen herangezogenen Textstücke durchgängig abgekürzt, und zwar: Mem1 bis Mem13, und anschließend jeweils einmal am Textende unter Hinweis auf die Belegstelle mit Quellenangabe bzgl. der *Mengzi*-Übersetzung in lateinischer Version von F. Noël genannt.

cordis nota dedecorari; sed quia naturalis quidam animi impetus sic illum subito excitat. In subitis enim casibus, addit Interpres, ubi non datur consultationi locus, est ipsa natura, quae agit; in aliis potest aut fictio aut studiosa dispositio irrepere. (I.III.45. Seite 266)

> [Übersetzung] Da sieht auf einmal jemand, dass irgendein kleines Kind gleich in einen Brunnen zu fallen droht; welch ein Mann auch immer jener Beobachter ist, er wird sofort [unmittelbar] von ganzem Herzen zum Mitleid bewegt; dazu aber wird er bewegt, nicht etwa weil er denkt, irgendein Zeugnis der Freundschaft mit Vater und Mutter des Kindes abzugeben; und nicht weil er irgendein Lob von Mitbürgern, Nachbarn, Gefährten, Freunden ergattern möchte; auch nicht weil er fürchtet, von Missgünstigen durch die schändliche Kritik der Hartherzigkeit entehrt zu werden; sondern weil ein natürlicher Herzenstrieb jenen plötzlich so antreibt. In plötzlichen Fällen nämlich, wie der Interpret hinzufügt, ist es, wenn kein Zeitraum für Überlegungen gegeben ist, die Natur selbst, die handelt; in anderen [Fällen] kann sich entweder Verstellung oder eine angelernte Disposition einschleichen.

Mem4

Hinc collige, si quis careat ista commiserante pii animi affectione, eum non esse censendum hominem, utpote naturali humanae conditionis parte destitutum. (I.III.46. Seite 266)

> [Übersetzung] Daraus folgere, wenn jemand diese mitleidende Neigung des gütigen Herzens nicht hat, dass er nicht als Mensch einzuschätzen ist, weil er ja eines natürlichen Teils der menschlichen Beschaffenheit entblößt wäre.

Mem5

[…] Cum enim a natura insita sit cordi humano pietas, aequitas, honestas, intelligentia (scilicet inchoata), ubi harum virtutum objecta illi proponuntur, subito in affectum erumpit; idcirco cum in alienae calamitatis commiserationem subito erumpit, tunc est scintillans quaedam pietatis nota; cum in verecundiam suae aut in odium alienae pravitatis subito erumpit, tunc est scintillans quaedam aequitatis nota; cum in fugam inurbanitatis aut in exhibitionem urbanitatis subito erumpit, tunc est scintillans quaedam honestatis nota; cum in Mali odium aut Boni amorem subito erumpit, tunc est scintillans quaedam prudentiae seu intelligentiae nota. (I.III.46. Seite 266)

> [Übersetzung] […] Da nämlich Güte [„pietas"], Billigkeit [„aequitas"], Sittlichkeit [„honestas"], Verstand [„intelligentia"] (diese selbstverständlich [nur] in Anfängen)

dem menschlichen Herzen von Natur eingeboren sind, kommt es plötzlich, sobald jenem [Herzen] die Gegenstände dieser Tugenden vor Augen gestellt werden, zu einer Gemütsbewegung. Deshalb, wenn es [das menschliche Herz] plötzlich in Mitleid mit fremdem Unheil ausschlägt, dann liegt ein aufblitzendes Anzeichen der Herzensgüte vor; wenn es in Scham über eigene oder in Hass auf fremde Schlechtigkeit plötzlich ausschlägt, dann liegt ein aufblitzendes Anzeichen der Billigkeit vor; wenn es in Scheu vor unfeinem Benehmen oder in Darbietung feinen Benehmens plötzlich ausschlägt, dann liegt ein aufblitzendes Anzeichen der Sittlichkeit vor; wenn es in Hass auf sittlich Schlechtes oder in Liebe zu sittlich Gutem plötzlich ausschlägt, dann liegt ein aufblitzendes Anzeichen der Klugheit oder des Verstandes vor.

Mem6

Hae quatuor assidue scintillantes virtutum notae tam sunt omnibus hominibus connaturales quam pedes & manus [...]. Cum ergo omnes homines his quatuor virtutum principiis sint a natura dotati, si nossent earum motus rite discernere, fideliter sequi, accurate exequi; [...] ita illorum animus in concepto virtutis proposito non posset retardari, sed majus ac majus in dies perfectionis acciperet incrementum. (I.III.47. Seite 266–267)

> [Übersetzung] Diese vier beständig aufblitzenden Anzeichen der Tugenden sind allen Menschen so von Natur aus mitgegeben wie Füße und Hände [...]. Da folglich alle Menschen mit den Anfängen [„principiis"] der vier Tugenden von Natur aus begabt sind, [verhält es sich so]: Wenn sie deren [d.h. der Tugenden] Regungen gehörig zu unterscheiden, getreu zu befolgen und sorgfältig auszuführen wüssten, [...] dann könnte ihr [der Menschen] Herz [als der Sitz der Gefühle], wenn der Vorsatz der Tugend gefasst ist, nicht verlangsamt werden, sondern würde von Tag zu Tag mehr und mehr an Wachstum zunehmen.

Mem7

[Kao Tsu:] Jam vero iste cordis affectus quo quis in ciborum saporem & colorum pulchritudinem fertur, est quaedam pietatis seu amoris species; & iste ciborum sapor aut colorum pulchritudo est quaedam aequitatis species. Cordis affectus est quid intrinsecum; idcirco pietas est homini intrinseca. Contra, ciborum sapor & colorum pulchritudo est quid extrinsecum; idcirco aequitas est homini extrinseca. Proinde quod homini maxime incumbit, est sectandae pietatis, non aequitatis cura. (II.V.6. Seite 400)

[Übersetzung] Ferner [so Kao Tsu], dieses Herzensverlangen, durch das jemand zum Geschmack der Speisen und zur Schönheit der Farben hingezogen wird, ist eine Erscheinungsform der Herzensgüte oder der Liebe; und dieser Geschmack der Speisen oder aber die Schönheit der Farben ist eine Erscheinungsform der Billigkeit; das Herzensverlangen ist etwas Innerliches [inwendig Natürliches]; deshalb ist die Herzensgüte dem Menschen innerlich. Dagegen, der Geschmack der Speisen und die Schönheit der Farben, das ist etwas Äußerliches [von außen her Kommendes]; deshalb ist die Billigkeit [„aequitas"] dem Menschen äußerlich. Folglich, was dem Menschen am meisten obliegt, ist die Sorge, der Herzensgüte zu folgen, nicht der Billigkeit.

Mem8

[Memcius:] Natura in se difficile cognoscitur; ut autem scias illam esse summe bonam, naturalem ejus affectum inspice: quod igitur attinet ad innatum humanae naturae affectum, is non potest non dici optimus; […]. (II.V.15. Seite 403–404)

> [Übersetzung] [Memcius:] Die Natur in sich ist schwierig zu erkennen; damit du aber weißt, dass jene [Natur] im höchsten Grade gut ist, untersuche deren natürliche Gemütsverfassung: Was die der menschlichen Natur eingeborene Gemütsverfassung betrifft, so muss diese unbedingt die Beste genannt werden; […].

Mem9

Omni homini inest quidam commiserationis, qua miseros prosequitur, quidam pudoris, quo res turpes aversatur […] ingenitus sensus; iste commiserationis pietas, iste pudoris aequitas […] dicitur. (II.V.16. Seite 404)

> [Übersetzung] Jedem Menschen wohnt inne ein eingeborener Sinn für Mitleid, durch das er die Leidenden begleitet, ein Sinn für Scham, durch die er sich von schändlichen Vorfällen abwendet […]; dieser Sinn für Mitleid wird Herzensgüte genannt, der für Scham Billigkeit […].

Mem10

Yam Secta, nulla habita publici boni ratione, sui unius curam sibi tantummodo proponit adeoque Reges non admittit. (I.VI.33. Seite 323)

> [Übersetzung] Die *Yam* Sekte nimmt keinerlei Rücksicht auf das öffentliche Wohl, sondern kümmert sich nur um sich selbst, und läßt sogar die Könige unberücksichtigt.

Mem11

Sectarius Yam Chu si sibi uni consuluerit, id sat esse arbitratur. Quamvis oporteret unum dumtaxat sibi pilum evellere ad succurrendum toti Imperio, ne vel illum evelleret. (II.VII.52. Seite 445)

> [Übersetzung] Der Sektierer *Yam Chu* ist der Meinung, dass es genug sei, wenn er für sich allein sorge. Wenn es auch noch so sehr nötig wäre, sich auch nur ein einziges Haar auszureißen, um dem ganzen Reich zu Hilfe zu eilen, würde er nicht einmal jenes [eine Haar] sich ausreißen.

Mem12

Me Secta, nulla habita consanguinitatis ratione, omnes homines aequali amore vult esse diligendos adeoque Parentes non agnoscit. (I.VI.33. Seite 323 [siehe oben im Vergleich Mem10])

> [Übersetzung] Die *Me* Sekte nimmt keinerlei Rücksicht auf Blutsverwandtschaft, sondern will, dass alle Menschen mit gleicher Liebe geliebt werden, und sie erkennt sogar Eltern nicht an.

Mem13

[Contra [*Yam Chu*]] Sectarius *Me Tie* omnes homines aequali amore vult esse diligendos, nulla habita Parentum, consanguineorum, amicorum, exterorum distinctione. (II.VII.53. Seite 446)

> [Übersetzung] [Gegen die Lehre des *Yam Chu*] Der Sektierer *Me Tie* will, dass alle Menschen mit gleicher Liebe geliebt werden, ohne irgendeinen Unterschied zu machen zwischen Eltern, Blutsverwandten, Freunden und Fremden.

Die Interpunktion habe ich dort den heutigen Gepflogenheiten angepasst, wo sich anderenfalls Missverständnisse ergeben könnten.

2.1 Jean Baptiste du Haldes französische Kurzfassung der vollständigen lateinischen *Mengzi*-Version und die nachfolgende englische Übersetzung in der Ausgabe von Edward Cave. Im Jahr 1735 – David Hume ist bereits seit einem Jahr in Frankreich – erscheint in Paris die erste französische Version des *Mengzi*-Textes von J.B. du Halde.[113] Sie unterscheidet sich von der lateini-

---

113 Siehe oben, Kapitel 1.2 mit weiteren Details.

schen Version Noëls, die vierundzwanzig Jahre früher erschienen ist, nicht nur im Unfang und in sprachlicher Hinsicht, sondern auch inhaltlich. Denn es handelt sich um eine leicht lesbare gekürzte Fassung der lateinischen Vorlage, teilweise unter Auslassungen, teilweise in Form einer Zusammenfassung; wo es dem Verfasser und Herausgeber wichtig erscheint, finden sich auch ziemlich detailgetreue Reproduktionen wesentlicher Textstücke bei nur geringen Abweichungen von der lateinischen Textfassung. Mitunter fehlen jedoch Textstücke, die uns heute wichtig sind. Bei genauer Überprüfung sind auch noch weitergehender als bei Noël theologisch motivierte Umdeutungen anzutreffen, die für uns aber keine erhebliche Rolle spielen. Insgesamt legt also du Halde eine neuartige, informative und das Nachdenken anregende *Mengzi*-Version in französischer Sprache dem interessierten Publikum vor.[114] Im Vergleich mit Noëls Version fällt sofort ins Auge, dass du Halde nicht Memcius, sondern <u>Mencius</u> schreibt und sich somit einer Transkription bedient, die bis heute vor allem im englischen Sprachraum verbreitet ist. Eingereiht in das vierbändige Werk über China, das bald und für lange Zeit in Europa zum Standardwerk geworden ist, wird nun der *Mengzi*-Text in dieser Version einem breiten Publikum bekannt. Die europäischen Gelehrten, unter ihnen besonders die Philosophen der Aufklärung, wird das Gedankengut des Mengzi nicht unbeeindruckt gelassen haben. So schreibt zum Beispiel Diderot (1713–1784) an Sophie Volland, und das kann man wie einen Kommentar zum *Mengzi*-Text lesen (und so liest es sich auch im Zusammenhang bei J. Gernet): „No, my dear friend, nature did not create us wicked; it is bad education, bad examples and bad legislation which corrupt us."[115]

Eine den *Mengzi* einschließende Übersetzung des Werkes von du Halde ins Englische erfolgt bereits drei Jahre später, und zwar in London in einer zweibändigen Ausgabe von Edward Cave,[116] datiert 1. September 1738. Sowohl vom Übersetzer, gleich zu Beginn in seiner Zueignung „To His Royal

---

114 Ich zitiere hier und im Folgenden den zweiten Band nach der Ausgabe von 1736, veröffentlicht in La Haye bei Henri Scheurleer (siehe Literaturverzeichnis, Quellentexte).

115 Zitiert nach Jacques Gernet, *China and the Christian Impact* [Fn 108] 150.

116 Edward Cave ist nur der Herausgeber und Verleger der *DESCRIPTION DE LA CHINE* von J. B. du Halde. Für Cave waren zwei auf dem Titelblatt namentlich nicht genannte Übersetzer tätig; siehe aber die „Bibliography" bei Fan Tsen-Chung, in der zwei Übersetzer, nämlich Green und Guthrie, genannt werden. Siehe Fan Tsen-Chung, *Dr. Johnson and Chinese Culture* (London [The China Society] 1945, reprint 1973) 9. Aus Vereinfachungsgründen

Highness Frederick, Prince of Wales", als auch später vom Autor wird hervorgehoben: „Moral Philosophy has been all along the principal Study of the *Chinese,* and it is chiefly by their Abilities therein that they attain to the Honours and Dignities of the Empire [...]."[117] Kaum weniger wichtig als die Moralphilosophie und für die damaligen Europäer hochinteressant, ist in Verbindung mit dieser die Staatsphilosophie der confucianistischen Klassiker. Der Herrscher wird als der Vater (mehr noch, sogar als Vater *und* Mutter) seines Volkes verstanden und verehrt, und über ihm thront kein Gott-Vater; höchste Aufgabe des chinesischen Kaisers ist es, zum Wohl seines Volkes zu regieren und für alle das große moralische Vorbild zu sein. So empfiehlt Mengzi (Mencius), der berühmte Nachfolger des Kongzi (Confucius), sowohl dem Herrscher als auch seinen Untertanen die Verwirklichung von „Uprightness of Heart and Equity" und zeigt auf, worin „the Goodness and Rectitude of human Nature"[118] bestehen und wie diese begründet werden können.

Hier folgen jetzt im französischen Original (von J.B. du Halde) und in der englischen Übersetzung (*für* Edward Cave) die der Position David Humes vergleichbaren *Mengzi*-Textstücke, auf die ich stets wie angegeben verweisen werde.[119]

2.2 Die ausgewählten *Mengzi*-Textstücke gemäß **J.B. du Halde** mit der Übersetzung Cave

M-duH1

Il n'y a personne, continue *Mencius,* qui n'ait reçu de la nature une certaine tendresse de cœur, qui le rend sensible aux miséres d'autrui. (I.III. Seite 407, Zeilen 18–19)

> [Übersetzung Cave] There is none, continued *Mencius,* but receives from Nature a certain Tenderness of Heart, which gives them a sensibility of their Neighbours (sic) misery. (Seite 427, Zeilen 48–49)

---

kürze ich im Folgenden bzgl. der englischen Übersetzung ab: Tr. Cave oder Übersetzung Cave.

117 J.B. du Halde: *A Description [...] of China,* tr. Cave, a.a.O. VI.

118 Ibid. 424.

119 Auf Übersetzungsfehler und Ungenauigkeiten in der englischen Wiedergabe des französischen Textes werde ich, soweit dies erheblich ist, an den betreffenden Textstellen aufmerksam machen.

M-duH2

[Mais] comment discerner ce penchant secret de la nature: cette sensibilité na-
turèle qui naît avec nous? Un éxemple vous le fera connoître. (I.III. Seite 407,
Zeilen 23–24)

> [Übersetzung Cave] [But] how can this secret Propensity of Nature, this Sensibility
> with which we are born be discerned? An Example will instruct you. (Seite 427,
> Zeilen 52–53)

M-duH3

Vous voyez tout-à-coup un enfant prêt à tomber dans un puits, aussi-tôt votre
cœur est touché: vous volez à son secours. Ce n'est pas alors la réfléxion qui
vous détermine: vous ne pensez pas à mériter la reconnoissance de son pere &
de sa mere, ni à vous procurer un vain honneur: vous agissez par un mouvement purement naturel. Dans les événements imprévûs, & lorsqu'on n'a point
le tems de réfléchir, ni de délibérer, c'est la simple nature qui agit. Il n'en est pas
de même dans d'autres conjonctures, où avant que d'agir, on a le tems de se
consulter: il peut y entrer du déguisement & de la dissimulation. (I.III. Seite
407, Zeilen 25–33)

> [Übersetzung Cave] You see a Child all of a sudden ready to fall into a Well; your
> Heart is immediately touched, and you fly to save it. You are not then determined
> by Reflection, nor influenced by the thoughts of deserving the Acknowledgments
> of the Father and the Mother, or of procuring to yourself an empty Honour; you
> act by an Impulse purely natural. In unforeseen Events, and when there is no Time
> either for Reflection or Deliberation, it is genuine Nature that acts. It is not so at
> other Junctures, which admit of Deliberation before Action; for there Disguise and
> Dissimulation may enter. (Seite 427, Zeilen 53–59)

M-duH4

Ce que je dis de la compassion, dit encore *Mencius,* je le dis des autres vertus:
de la piété, de l'equité, de l'honnêteté, de la prudence: nous en avons les sémences & les principes dans notre cœur [...]. (I.III. Seite 407, Zeilen 34–36)

> [Übersetzung Cave] What I have said of Compassion, adds Mencius, I apply to the
> other Virtues: To Piety, to Equity, to Humanity, and to Prudence: We have the Seeds
> and Principles of them all in our Heart [...]. (Seite 427, Zeilen 60–62)

M-duH5

[...] il [*Mencius*] montre [...] que ces deux vertus [piété & équité] sont comme deux propriétez inseparables de la nature humaine. Il le prouve par le respect qu'on doit aux personnes âgees : c'est la un genre d'équité, qui ne consiste point dans le grand âge : qui a droit d'être respecté : car ce droit est extrinséque à la personne qui rend le respect : mais qui consiste dans la connoissance qu'il a de ce droit, & dans l'affection du cœur : l'une & l'autre sont intrinseques à la nature humaine. (II.V. Seite 424, Zeilen 18–26)

> [Übersetzung Cave] He [*Mencius*] shews [...] that these two Virtues [Piety and Equity] are as it were two Properties inseparable from human Nature. He proves this by the Respect due to aged Persons; this is a kind of Equity, not at all consisting in their great Age, which has a Right to be respected; for this Right is extrinsic of the Person who pays Respect: But it consists in the Knowledge which he has of this Right, and in the Affection of the Heart, both which are intrinsic to humane Nature. (Seite 436, Zeilen 18–24)

M-duH6

[...] il n'est pas aisé de connoître la nature de l'homme en elle-même, mais pour juger qu'elle est bonne & droite, il ne faut qu' éxaminer le pechant & l'inclination qui y réside. (II.V. Seite 424, Zeilen 27–29)

> [Übersetzung Cave] [...] it is not easy to know the Nature of Man in itself; but in order to judge what is good and right, we need only to examine what is its innate Propensity and Inclination. (Seite 436, Zeilen 25–27)

M-duH7

Tout homme a naturellement de la compassion pour les malheureux [...]. Ce sentiment de compassion s'appelle piété [...]. [il est] donc infiniment unis à sa nature. (II.V. Seite 424, Zeilen 29–30, 33, 37)

> [Übersetzung Cave] Every Man naturally has a Compassion for the Unhappy [...]. This Sentiment of Compassion is named Piety [...]. [...] then [it is] intimately united to his Nature. (Seite 436, Zeilen 27, 29, 32–33)

M-duH8

Telle [dangéreuse secte] est celle d'*Yang chu,* qui sans avoir égard au bien public, veut que chacun ne songe qu' à lui-même & à ses propres intérêts [...]. (I.VI. Seite 414, Zeilen 38–40)

[Übersetzung Cave] Such [dangerous sect] is that of *Yang shu,* who, without regarding the public Good, teaches that every one ought to mind only Himself and his own Interest [...]. (Seite 431, Zeilen 24–26)

M-duH9

Telle [dangéreuse secte] est celle de *Me tie,* qui nc connoît pas l'étroite liaison du sang, & qui posant pour principe qu'on doit aimer également tous les hommes, détruit l'amour filial & ne met point dc différence entre un pere & un étranger. (I.VI. Seite 414, Zeilen 41–43)

[Übersetzung Cave] Such [dangerous sect] is that of *Me tye,* who, ignorant of the strict Ties of Blood, and laying it down as a Principle, That all Men ought to be loved alike, destroys the filial Affections, and makes no difference betwixt a Father and a Stranger. (Seite 431, Zeilen 26–29)

2.3 Ein erster Vergleich der vorliegenden Textstücke ergibt, dass J.B. du Halde bezüglich der uns interessierenden moralphilosophisch relevanten Aussagen genau die Textstücke der vollständigen lateinischen Version erfasst hat, die dem Leser die authentische Position des *Mengzi* über die Natur des Menschen und die Grundlage der Moral schlaglichtartig aufzeigen (M-duH1 bis M-duH3). Lediglich das (wiederholte) Fazit (Mem4) findet sich nicht mehr bei du Halde. M-duH4, insbesondere der zweite Satz ist eine pointierte und gut ausformulierte Zusammenfassung der Textstücke Mem5 und Mem6.

Nachfolgend gibt M-duH5 eine sehr kurz gefasste Darstellung eines komplizierten Sachverhalts. Es geht dabei im Kern um die Frage, ob *pietas* und *aequitas* gleichermaßen *anfänglich* (d.h. ursprünglich) in der Natur des Menschen angelegt sind, oder ob dies nur für *pietas* zutrifft. Darüber finden sich im *Mengzi*-Text, den F. Noël mit alten chinesischen (ins Lateinische übersetzen) Kommentarstellen wiedergibt, verschiedene, mehr oder weniger überzeugende Auffassungen. Wir können uns hier im Hinblick auf den anstehenden Vergleich mit Aussagen David Humes (siehe Kapitel 4) mit der einen, leicht nachvollziehbaren Textstelle begnügen, weil diese die Auffassung des *Mengzi* in einer gelungenen Zusammenfassung zum Ausdruck bringt. Weiterhin vermitteln Mem7 und besonders M-duH5 lediglich einen Ausschnitt aus der längeren Disputation zwischen Mengzi und Gaozi (Kao Tsu), der sowohl moralphilosophisch als auch rechtstheoretisch sehr bemerkenswert ist. M-duH6 und 7 sind getreue Wiedergaben von Mem8 und 9; sie fassen die wesentlichen

Aussagen noch einmal zusammen und verstärken die Position des Mengzi nach dem Disput mit seinen Opponenten. Schließlich führen uns M-duH8 und 9 in Verbindung mit Mem10 bis Mem13 die geistesgeschichtlich wichtigen Positionen der Hauptwidersacher der Lehre des Mengzi vor Augen, die dieser äußerst entschieden bekämpft. Mengzi gibt jedoch – und das ist seine große bleibende und bis heute anerkannte Leistung – für seine Auffassung bezüglich der Grundlage der Moral eine proto-empirische (experimentelle) Begründung, die geeignet ist, die alte Doktrin (siehe Mem1), vertreten von Confucius und seinen Anhängern, erfolgreich zu verteidigen.

4

Vergleich der moralphilosophischen Aussagen Humes mit den dokumentierten *Mengzi*-Textstücken

1   Im Rahmen seines umfangreich angelegten *THN* ist es Humes Anliegen, die Methode Newtons auf das Gebiet der *moral philosophy* zu übernehmen, und dies auch hier unter strenger Beachtung der Auffassung, dass schließlich „experience" das allein gültige Beurteilungskriterium ist, in Humes Worten: „[…] 'tis still certain we cannot go beyond experience […]." (*THN*, Introduction XVII) Dabei gibt er zu verstehen, dass es nicht einfach ist, diese Methode auf die Untersuchung menschlicher Verhaltensweisen anzuwenden. Um sich auf methodisch sicherer Grundlage zu bewegen, muss sich „the science of man" (ibid.) sorgfältiger und exakter *observation* und *experiments* bedienen.[120]

Insoweit handelt es sich für ihn um den mutigen und erstmalig konsequent unternommenen Versuch, „[…] to introduce the experimental Method of Reasoning INTO MORAL SUBJECTS" (Untertitel des *THN*). In diesem Zusam-

---

120 Hume verwendet hier und im Folgenden mitunter die Ausdrücke „experience" und „experiment" synonym. „Experience" steht dann i.S.v. „observation of facts or events, considered as a source of knowledge" (Sh. O. E. D. s.v.), und „experiment" im engeren Sinne bezieht sich auf „an action or operation undertaken in order to discover something unknown, to test a hypothesis" (Sh. O. E. D.). Bereits Francis Bacon hat in seinem *Novum organum scientiarum* (1620) die „experimental method" zum Fortschritt der Wissenschaften angeregt, und dies mit nachhaltiger Wirkung.

menhang wird ihm die strenge Beachtung dieser Methode wichtig. In der folgenden Forderung kommt das deutlich zum Ausdruck:

> We must therefore glean up our experiments in this science from a cautious observation of human life, and take them as they appear in the common course of the world, by men's behaviour in company, in affairs, and in their pleasures. (*THN* XIX)

Schließlich möchte er auf diese Weise, also empirisch und experimentell, die Frage beantworten, ob der Mensch von Natur aus schlecht oder gut ist (s. *THN* 492). Dieses Unternehmen ist ihm insgesamt so wichtig, dass er, im *Abstract* aus dem Jahr 1740 zurückblickend und sich selbst interpretierend, dazu wie folgt Stellung nimmt: „He [gemeint ist er selbst, also David Hume] proposes to anatomize human nature in a regular manner, and promises to draw no conclusions but where he is authorized by experience." (*THN*, SB [Abstract] 646)

Auch der *Mengzi*-Text nach der oben zitierten französischen Fassung (siehe Kapitel 3), der chinesischen Tradition empirisch ausgerichteter Erforschung menschlicher Verhaltensweisen entsprechend,[121] lässt uns wissen: „[…] il n'est pas aisé de connoître la nature de l'homme en elle-même, mais pour juger qu'elle est bonne & droite, il ne faut qu' éxaminer le penchant & l'inclination qui y réside." (M-duH6, siehe dort auch die englische Version bei Edward Cave [1738]) Die vierundzwanzig Jahre vor dem französischen Text veröffentlichte vollständige lateinische Version (1711) von F. Noël sagt schlicht und einfach (s. Mem8), dass die Natur [des Menschen] in sich schwierig zu erkennen ist. Eine Untersuchung der natürlichen Gemütsverfassung sei jedoch ratsam, um zur Erkenntnis zu kommen, dass die Natur [des Menschen] im höchsten Grade gut ist.

Zwischen Hume und den *Mengzi*-Textstücken bezüglich der Beurteilung der Schwierigkeiten bei der Untersuchung der Natur des Menschen ist dem-

---

121 Mehr als ein Jahrzehnt vor Hume macht bereits Christian Wolff in seiner berühmten und sehr weit verbreiteten *Rede über die praktische Philosophie der Chinesen* (die David Hume nicht unbekannt geblieben sein dürfte [s.o.]) auf die Anwendung der experimentellen Methode bei den alten Chinesen aufmerksam; er spricht von „methodus […] *Confucii* experimentalis" und betont, dass nur das als Wahrheit akzeptiert wurde, was „durch wiederholte Versuche bestätigt worden war" (Chr. Wolff, *Oratio* [Fn 59], übersetzt und herausgegeben von M. Albrecht […] 216/217, 224/225, s. hier Kapitel 1.3).

nach grundsätzlich kein Unterschied festzustellen. Die chinesischen Gelehrten, die nachhaltig und kontrovers über die Natur des Menschen und deren Beurteilung diskutierten, waren sich bereits zweitausend Jahre vor David Hume durchaus bewusst, dass es kein leichtes Unternehmen ist, hier zu sicheren und empirisch-experimentell überprüfbaren Ergebnissen zu kommen. Aber unmöglich schien es ihnen auch nicht; und das vermitteln uns die dokumentierten *Mengzi*-Textstücke.

2 Beginnen wir mit Humes Hypothese, die nicht bloß erdichtet ist,[122] sondern schon auf Erfahrung beruht; nämlich: „We pity even strangers, and such as are perfectly indifferent to us [...].“ (*THN* 369) Unter „pity“ („or a sympathy with pain“ [*THN* 385]) versteht er synonym „[to have] an aversion to [another's] misery“ (*THN* 382); *compassion* (oder *commiseration*) ist für ihn ein anderes gebräuchliches Synonym. Diese *pity*-Vermutung wird er sechzehn Seiten später im *THN* durch ein Gedankenexperiment bestätigen und in diesem Zusammenhang *sympathy* zu einem „very powerful principle in human nature“ (*THN*, Conclusion 618) erklären; dabei wird er schließlich betonen: „[...] the happiness of strangers affects us by sympathy alone.“ (ibid. 619)

Auch der lateinische *Mengzi*-Text (1711) vermittelt uns eine solche empirisch-experimentelle Bestätigung in der Folge eines Textstückes, das wir als Hypothese lesen können (hier auf Deutsch), nämlich: „Sicherlich haben alle [Menschen], fügt Memcius hinzu, eine von der Natur verschaffte gütige Her-

---

122 David Hume übernimmt Newtons neue Methode für seine Abhandlung zur Erforschung der Natur des Menschen (vgl. E. C. Mossner, *The Life of David Hume*, a. a. O. 43, 74). Dabei ist die Verwendung des Begriffs *Hypothese* (s. Sh. O. E. D. s.v.) bei ihm wie schon bei Newton nicht eindeutig. Hume verwirft Hypothesen nur, insofern diese auf Spekulation, willkürlicher Fiktion oder auf unerklärbaren Annahmen beruhen. In dieser Hinsicht teilt er Newtons Abneigung, Hypothesen zu erdichten. Er versteht seine eigene Aufgabe in der zeitgenössischen Moralphilosophie nämlich darin, „[...] in admitting no principles but such as were found on experiment“ (David Hume über Isaac Newton in der *History of England* [Edinburgh 1792, VIII, 334, zitiert nach E. C. Mossner, ibid. 75]). Allerdings sieht er auch die enormen Schwierigkeiten der Übertragung dieser neuen Methode auf Untersuchungsgegenstände der Moralphilosophie. Das streng wissenschaftliche Experiment im modernen Sinne war für ihn praktisch undurchführbar; stattdessen beschränkte er sich auf Selbstbeobachtung und genaue Beobachtung der Verhaltensweisen der Menschen und, soweit plausibel, auf ein nachvollziehbares Gedankenexperiment, das auf einem durch allgemeine Lebenserfahrung gestützten Sachverhalt beruht (s. Kapitel 4.3).

zensneigung, durch die sie Schmerzen bei fremdem Leid mitempfinden [...]."
(Mem1) Verstärkend und in Überleitung zum *experiment* (zum Erfahrungsbeweis; d.h. konkret: zu dem von mir sogenannten *Brunnenkind-Beispielsfall*
[BK-BspF], den wir auch als Gedankenexperiment lesen können) finden wir
im lateinischen Mem2 den folgenden Satz (hier wieder in Übersetzung): „[...]
was jene mitleidende Neigung des zarten Herzens ist und wodurch erkannt
wird, dass sie in allen Menschen vorhanden ist, das folgere aus diesem einen
Erfahrungsbeweis." Nichts wesentlich Anderes vermitteln uns die entsprechenden späteren französischen Textstücke (M-duH1 und 2), also die überein-
stimmende Hypothese der natürlichen Veranlagung des Menschen zu *commiseration (pity, compassion, sympathy with pain).*

Eine gewichtige und zu beachtende englische Fehlübersetzung des französischen *Mengzi*-Textstückes findet sich 1738 bei Edward Cave an einer Textstelle, worin wir auch ein Indiz dafür haben, dass David Hume sehr wahrscheinlich insbesondere mit dem französischen Textstück vertraut war. Denn
die Einschränkung in der Übersetzung für Edward Cave hat Hume nicht
übernommen, so dass seine Formulierungen mit F. Noëls und J.B. du Haldes
Mengzi-Textversionen übereinstimmen. Im französischen Text steht wörtlich
„miséres d'autrui" und bei Edward Cave „neigbours (sic) misery" (M-duH1).

3   Die fällige empirisch-experimentelle Bestätigung für die angebliche angeborene (natürliche) Mitgefühlsneigung des Menschen gibt David Hume in
dem folgenden Gedankenexperiment (*THN* 2.2.9., S. 385):

> For supposing [„by the force of imagination" (385)] I saw [ich sähe] a person per-
> fectly unknown to me, who, while asleep in the fields, was [wäre] in danger of being
> trod under foot by horses, I shou'd [ich würde][123] immediately run to his assistance;
> and in this I shou'd [ich würde] be actuated by the same principle of sympathy,
> which makes me concern'd for the present sorrows of a stranger.

Dieser zweiteilige Satz wird ergänzt durch eine abschließende Bemerkung:
„The bare mention of this is sufficient." In auffälliger Weise korrespondiert die
vorausgehende Kernaussage mit dem *Mengzi*-Textstück bei J.B. du Halde

---

[123] Hier sowie vorausgehend und folgend handelt es sich um (alte) englische Konjunktivfor-
men.

(1735), das wie folgt eingeleitet wird: „Un éxemple vous le fera connoître."
(M-duH2)[124] Der entsprechende Satz lautet (M-duH3):

> Vous voyez tout-à-coup un enfant prêt à tomber dans un puits, aussi-tôt votre cœur
> est touché: vous volez à son secours.[125]

Zurück zu Hume! In seinem Gedankenexperiment operiert er mit dem bereits
auf Seite 369 *THN* definierten Begriff „stranger", dem zu helfen, die egoisti-
sche Veranlagung des Menschen fragwürdig erscheinen ließe. Dort betont er,
„we pity [i.S.v. *we have sympathy with pain*] even strangers, and such as are
perfectly indifferent to us", und verstärkt so seine Hypothese, indem er jetzt
„a person perfectly unknown to me" formuliert (385). Es handelt sich also um
eine solche Person, an der sich sein imaginierter Beobachter durch Desinteresse auszeichnet, zu der keinerlei Beziehungen bestehen, auch nicht durch *vor-
angegangenes Tun,* das eine Garantenstellung mit einer Verpflichtung zur
Hilfe begründen könnte. Gleichermaßen also bei Hume wie im *Mengzi*-Text-
stück zeichnet den Beobachter Desinteresse im Verhältnis zur gefährdeten
Person aus; von egoistischen Interessen geleitete Überlegungen sind ausgeschlossen. „Ce n'est pas alors la réflexion qui vous détermine […]: vous agissez
par un mouvement purement naturel." (M-duH3)[126] Auch die längere Textversion des *Mengzi* bei F. Noël (1711), die J. B. du Halde für seine Textfassung
vorlag und die er berücksichtigt hat, ist diesbezüglich eindeutig. Die lateinische Version (Mem3) liest sich auf Deutsch wie folgt:

> Da sieht auf einmal jemand, dass irgendein kleines Kind gleich in einen Brunnen zu
> fallen droht; welch ein Mann auch immer jener Beobachter ist, er wird sofort [un-
> mittelbar] von ganzem Herzen zum Mitleid bewegt; dazu aber wird er bewegt, […]
> weil ein natürlicher Herzenstrieb jenen plötzlich so antreibt.

Im Vergleich mit Noël und du Halde (s. Kapitel 3, dort die ausführlichen Versionen im jeweiligen Original mit Übersetzung) ist Humes korrespondieren-
der Text nur noch kürzer, nicht aber weniger klar und aussagekräftig. In seinem

---

124 Vgl. oben, Kapitel 3.2.2, M-duH2, tr. Cave.
125 Vgl. oben, Kapitel 3.2.2, M-duH3, tr. Cave (teilweise nicht wörtlich).
126 Vgl. oben, Kapitel 3.2.2, M-duH3, tr. Cave.

Abschnitt 9 (2.2.9. des *THN*) unter der Überschrift „Of the mixture of benevolence and anger with compassion and malice" (S. 381–389) geht Hume jedoch – bis auf die sechs Zeilen seines Gedankenexperiments – einen anderen Weg als der entsprechende *Mengzi*-Text. Das so vorbereitete Gedankenexperiment leitet er mit dem Satz ein: „'Tis certain, that sympathy is not always limited to the present moment, but that we often feel by communication the pains and pleasures of others, which are not in being, and which we only anticipate by the force of imagination." (385) Seine inzidenter gegebenen Kommentare in dem siebzehnzeiligen Textstück (S. 385–386) passen auch zu den ausgewiesenen *Mengzi*-Textstücken (Mem3 und M-duH3) und zeigen uns, wie genau Hume den mitgeteilten Sachverhalt analysiert hat. Es ist der natürliche Herzenstrieb, so der *Mengzi*-Text (mit dem Hume im Ergebnis übereinstimmt), der den Beobachter *unmittelbar* in Erregung versetzt. „In plötzlichen Fällen nämlich, wie der Interpret hinzufügt, ist es, wenn kein Zeitraum für Überlegungen gegeben ist, die Natur selbst, die handelt; in anderen [Fällen] kann sich entweder Verstellung oder eine angelernte Disposition einschleichen." (Mem3)

Vollständig stimmt David Hume in seiner Kernaussage mit dem korrespondierenden *Mengzi*-Textstück überein. Allerdings erweitert Hume seine Feststellung in Verbindung mit seinem Abschnittsthema um die „pleasures", indem er (abgesehen von seinem Gedankenexperiment) von „pains" und „pleasures" spricht. Entscheidende Übereinstimmungen sind die bei Hume und im *Mengzi*-Text zum Ausdruck gebrachte *unmittelbare* Reaktion des Beobachters, insbesondere im Zusammenhang mit dem Satz bei J.B. du Halde, nämlich „vous volez à son secours" (M-duH3). Die Übersetzung ins Englische für Edward Cave (1738) ist demnach nicht vollständig korrekt bzw. ungenau; dort heißt es: „[…] and you fly to save it." David Hume aber formuliert (im Rahmen seines Gedankenexperiments) auf Englisch (du Halde korrekt wiedergebend): „I shou'd [ich würde] immediately [!] run to his assistance [„à son secours"]." (385) Wie gesagt, der folgenden Bemerkung, „vous agissez par un mouvement purement naturel" (M-duH3), entspricht Humes Kommentierung „[…] and in this I shou'd [ich würde] be actuated by the same principle of sympathy, which makes me concern'd for the present sorrows of a stranger" (385).

Später, in seinem Essay *Of the Original Contract* (1748), verdeutlicht Hume diesen Sachverhalt noch einmal, jedoch in einem etwas anderen Zusammenhang, indem er feststellt: „[…] Men are impell'd by a natural Instinct or immediate Propensity, that operates in them, independent of all Ideas of Obligation, and of all Views either to public or private Utility." (48) Diesbezüglich nennt er drei Beispiele, an dritter Stelle „Pity to the Misfortunate" (ibid.); und er spricht von „such humane Instincts", die wir als *moralisch* einstufen und loben, um dann abschließend festzustellen: „But the Person, actuated by them, feels their Power and Influence, antecedent to any such Reflection." (ibid.) Bereits drei Jahre vor dieser Feststellung formuliert er in seinem fingierten Brief *A Letter from a Gentleman* [*LG*] (1745) auf Seite 120: „By the *natural Virtues* he plainly understands *Compassion* and *Generosity*, and such as we are immediately carried to by a *natural Instinct* […]." Solchermaßen verstärkt er das Resultat seines Gedankenexperiments zum Beweis seiner Hypothese, und dies in Übereinstimmung mit den genannten *Mengzi*-Textstücken in den lateinischen und französischen Versionen aus den Jahren 1711 bzw. 1735.

Folgendes ist an dieser Stelle noch zu bedenken (es belegt die Genauigkeit der Humeschen Analyse des gegebenen Sachverhalts): Weder bei Humes gefährdetem *stranger* noch beim Kleinkind des *Mengzi*-Textes sind Schmerz und Leid bewusst oder bereits eingetreten; sie werden vom Beobachter lediglich antizipiert. Unter Umständen sind sie stark genug, um beim Beobachter *unmittelbar* Betroffenheit auszulösen. Aber: Im ersten gegenwärtigen Augenblick sind Schmerz und Leid auch beim Beobachter selbst noch gar nicht vorhanden. Somit wäre es abwegig, diesbezüglich von einem bereits *eingetretenen* Mit-*leid* beim Beobachter zu sprechen. Richtig ist es, und das entspricht der Humeschen Analyse, davon auszugehen, dass bloß ein unmittelbares spontanes Mit-*gefühl (sympathy)* mit einer antizipierten Zustandsveränderung beim Betroffenen (experimentell) zu konstatieren ist. Dieses Faktum ist möglicherweise dann noch das Anfangsstadium des daraus entstehenden Mitleids *(pity, compassion, commiseration);* und es ist der Anfang des Wohlwollens. Möglicherweise (keineswegs unbedingt, sondern unter gegebenen Bedingungen) folgt dann auch noch auch Wohltun (tatsächliche Hilfe).

Im Ganzen betrachtet gibt uns David Hume im *THN* 1739, im *LG* 1745 und im *OC* 1748 (und noch einmal später in abgeänderter Diktion im *EPM* 1751) zu verstehen, dass in Anbetracht des erörterten Sachverhalts die Annahme unstatthaft ist, letztendlich sei doch noch Egoismus *(self-interest, self-love)* im Spiel.[127] Anders gewendet sprechen die einschlägigen Textstücke von

---

127 In seiner sehr detaillierten, gründlichen und scharfsinnig argumentierenden Abhandlung

Hume und die des *Mengzi* für die Annahme einer begrenzten natürlichen Veranlagung des Menschen zu Mitgefühl mit Schmerz und Leid eines anderen (fremden) Menschen; diese Veranlagung nennen wir dann (in Grenzen) altruistisch. Die solchermaßen festgestellten Übereinstimmungen zwischen Hume und dem *Mengzi* sind nicht ohne weitere Folgen und erhebliche Konsequenzen.

Eine zusätzliche Erwägung sei noch angefügt. Seit 1711, als die vollständige *Mengzi*-Version den europäischen Gelehrten zur Lektüre vorlag, war der Brunnenkind-Beispielsfall des *Mengzi* auch in Europa der erstaunliche protoempirische *(experimentelle)* Beweis für die allen Menschen ursprünglich gegebene natürliche Veranlagung zu Mitgefühl. Die Anhänger und Verteidiger der Lehre des Confucius in China, die von den christlichen Missionaren im Zeitalter der späten Ming-Dynastie *Neo-Confucianisten* genannt wurden, haben offensichtlich auf die Verbreitung dieses Textstückes großen Wert gelegt, auch um zu zeigen, dass sie bemüht waren, diesen Problemkomplex gründlich zu diskutieren und darüber hinaus buddhistische Theorie und Praxis mit confucianistischer in Einklang zu bringen. So liegt es nahe, dass auch die Missionare aus Europa im damaligen China vornehmlich mit diesem berühmten Textstück vertraut wurden, an diesbezüglichen Diskussionen teilnahmen und es kritisch zu beurteilen wussten. Mit der Anfang des 18. Jahrhunderts vorhandenen Übersetzung von F. Noël (s. o. Kapitel 1 und 3) und darauf basierend in der komprimierten Wiedergabe von J. B. du Halde (1735 und in Reprints in den Folgejahren) war es verständlicherweise gerade dieses Textstück (Mem3, M-duH3), das den europäischen Gelehrten in vollem Umfang, insbesondere in der Kernaussage, zur Lektüre, Diskussion und Würdigung vorliegen sollte. Der große chinesische Philosophiehistoriker des 20. Jahrhunderts Fung Yulan verdeutlicht seinerseits den Sachverhalt und die Konsequenzen des *BK-BspF*, indem er von einem *unmittelbaren Impuls* spricht; später, schreibt er, nachdem er diesbezüglich die Interpretation der Neo-Confucianisten erwähnt hat:

„Altruism in Hume's *Treatise*" (1903) zeigt E. B. McGilvary (siehe oben [Fn 104]) in aller Deutlichkeit und vollkommen überzeugend: „Hume's psychological account of sympathy […] has absolutely no eogistic implications." (294 fn 3) Vgl. J. Laird, a. a. O. [Fn 107] 198, 219; Ph. Mercer, a. a. O. [Fn 104] 43 (30ff, 37).

[…] what Mencius here describes is the natural and spontaneous response of any man when placed in such a situation. […] If, however, the man does not act on his first impulse, but pauses instead to think the matter over, he may then consider that the child in distress is a son of his enemy, and therefore he should not save it, or that it is the son of his friend and therefore he should save it. In either case, he is motivated by secondary selfish thoughts […].[128]

In seiner vorausgehenden und umfangreicheren Darstellung der chinesischen Philosophie formuliert er den Sachverhalt des *BK-BspF* wie folgt:

It means that anyone, seeing a child about to fall into a well, will instinctively experience feelings of alarm and distress which, being straightforward reactions, will, if immediately translated into conduct, result in straightforward conduct. Feelings and conduct of this sort, in which no account is taken of personal gain or loss, are therefore impartial.[129]

Sagt David Hume, juristisch geschult und somit auch kurz und knapp einen Sachverhalt zusammenfassend zu formulieren geübt, in der Sache (auf Seite 385 des *THN*) nicht genau dasselbe?

4 Also hat Hume die von ihm formulierte Hypothese seiner Meinung zufolge durch sein Gedankenexperiment nachprüfbar unter Beweis gestellt. In seinen *conclusions* (*THN* 618–621) lautet daher sein Resultat in formelhafter Verallgemeinerung: „[…] the happiness of strangers affects us by sympathy alone." (*THN* 619) Dieses Resultat bereitet er auf den Seiten 588–589 vor, indem er feststellt, dass das Glück eines *strangers* ihm unter bestimmten Bedingungen (*THN* 385) nicht gleichgültig sei; „it affects me only by sympathy", denn „I am no way interested in him, nor lie under any obligation to him" (*THN* 588). „From that principle [of sympathy] […] I enter so deeply into it, that it gives me a sensible emotion." (*THN* 589) Ein allgemeines anfängliches Mitgefühl in der Natur des Menschen, bei aufmerksamer Beobachtung der

---

128 Fung Yu-lan, *A Short History of Chinese Philosophy* [1948] (New York 1966) 272; cf. 68–73, 266–268, 272ff, 303, 310, 312.
129 Fung Yu-lan, *A History of Chinese Philosophy*, vol. 2 (Princeton 1953, 7th reprint 1973) 448–449.

eigenen Gefühlslage unter gegebenen Voraussetzungen festzustellen, führt dazu, „[that] we pity even strangers" (*THN* 369). *Pity* oder mit anderen Worten *compassion* oder *commiseration* und dann *benevolence* wären die weiteren Folgen und somit die Durchbrechung des ansonsten in der menschlichen Natur vorhandenen Egoismus.

Die lateinische *Mengzi*-Version, wie oben bereits vorläufig dargelegt, kommt bei allen Unterschieden in den Formulierungen sinngemäß zu demselben Resultat. Ausgangslage ist auch bei Mengzi *sympathy* im Sinne eines natürlichen Herzenstriebs („naturalis quidam animi impetus" [Mem3]), die durch das „experimentum" bestätigt wird und dann zu der Formulierung führt, dass in jedem Menschen gewissermaßen etwas an Mitleid vorhanden ist, wodurch er die Leidenden begleitet („omni homini inest quidam commiserationis, qua miseros prosequitur" [Mem9]). Im Textstück Mem4 heißt es, dieses Resultat vorbereitend, „[...] wenn jemand diese mitleidende Neigung des gütigen Herzens nicht hat, dass er nicht als Mensch einzuschätzen ist, weil er ja eines natürlichen Teils der menschlichen Beschaffenheit entblößt wäre."

In der französischen *Mengzi*-Version von J.B. du Halde findet sich für dieses Resultat, das mit dem von Hume und der lateinischen *Mengzi*-Version grundsätzlich übereinstimmt, nur ganz allgemein die schlichte Formulierung: „Tout homme a naturellement de la compassion pour les malheureux." (M-duH7)

5   Im Vergleich der nächsten Textstücke zeigt sich wieder, dass Hume genau differenziert und die Entstehung eines altruistischen Verhaltens nur unter engen Voraussetzungen annimmt. Er geht davon aus, dass zunächst *sympathy* im Sinne von Mitgefühl[130] bewusst wird, bevor *pity* (Mitleid) und *benevolence*

---

130 Moderne Definitionen und ein schwankender Gebrauch des Wortes *sympathy* (s. Sh.O.E.D. s.v.) können dazu beitragen, den von Hume aufgezeigten Sachverhalt zu verwischen. J.L. Mackie hat das erkannt und beachtet; er schreibt: „,Sympathy' does not (as it often does in modern use) mean ,compassion' or ,pity', but rather a tendency to share what one takes to be the feelings of another, of whatever kind they are; sympathy is *Mitgefühl* not *Mitleid*. Nor is it another word for benevolence or for altruism; but sympathy can and normally will produce benevolence." (*Hume's Moral Theory* [London and New York 1980] 120) Vgl. auch vor dieser Klarstellung den bereits deutlichen Hinweis von Ph. Mercer, a.a.O. (1972) [Fn 104] 44; und Gertrud Zimmermann, *Die Soziologie David Humes als Ergebnis der Egoismus-Altruismus Debatte* (Mannheim 1980) 99–106. In unserem Zusammenhang und im Hinblick

entstehen. Dementsprechend beschreibt er diesen Sachverhalt folgendermaßen: „[…] from that compleat [sic] sympathy [with a person's uneasiness] there arises pity and benevolence." (*THN* 388; vgl. *A Dissertation on the Passions*, in *PW* 4. 157) Auf *benevolence* bezogen bedeutet diese Reihenfolge, dass Mitgefühl, also in diesem Sinne *sympathy*, der Ursprung des Wohlwollens *(benevolence)* in der Natur des Menschen ist.

Eine etwas andere Differenzierung weisen die korrespondierenden *Mengzi*-Textstücke auf, ohne dabei in der Sache selbst, um die es auch hier geht, eine abweichende Auffassung zu vertreten. Wird nämlich das menschliche Bewusstsein mit solchen Ereignissen konfrontiert wie im sogenannten *Brunnenkind-Beispielsfall* (oder wie bei Humes *stranger asleep in the fields* [s. o.]), dann kommt es beim Beobachter zu einer natürlichen Gemütsbewegung, einem Mitgefühl mit dem von drohendem Unheil betroffenen Menschen; und unter dieser Voraussetzung kann sich dieses Mitgefühl, gleichzeitig als Anfang von *benevolence* verstanden, zu einer Hilfs*bereitschaft* der betroffenen Person gegenüber entwickeln (s. Mem5). Beide Textstücke, auch Mem6 (s. o.), gehen davon aus, dass *alle* Menschen mit den Anfängen („principiis")[131] von „pietas" (i. S. v. Herzensgüte [*benevolentia*])[132] und „aequitas" (i. S. v. Recht

auf die lateinische Formulierung „naturalis quidam animi impetus" (Mem3), die als eine kontextbestimmte Umschreibung des angeborenen *Mitgefühls* im *Mengzi* verstanden werden kann, ist Humes Gebrauch des Wortes *sympathy* hier eindeutig und von *pity/compassion/commiseration* und von *benevolence* zu unterscheiden.

131 *Principium (principle)* hier zu verstehen in der Bedeutung von *Anfang, Ursprung, Quelle, treibende Kraft*; bzw. von *beginning, ultimate source, origin, or cause of something; that from which something takes its rise, originates, or is derived* (s. Sh. O. E. D. s. v.).

132 Der in F. Noëls lateinischer Version der *Mengzi*-Textstücke verwendete Begriff „pietas" wird von ihm i. S. v. „amor" (Liebe, Zuneigung, Güte) verstanden. So zum Beispiel in Mem7: „[…] iste cordis affectus […] est quaedam pietatis seu amoris species" (dieses Herzensverlangen [i. S. v. *sympathy* als einer unter gegebenen Umständen hergestellten Beziehung zu einem beliebigen anderen Menschen] ist eine Erscheinungsform der Herzensgüte oder der Liebe). Dem entspricht der von Hume in den aufgezeigten Zusammenhängen verwendete Begriff *benevolence*. In diesem Sinne steht *pietas* in spät- und mittellateinischer Verwendung für Liebe, Güte, Freundlichkeit, Zuneigung, Wohlwollen *(benevolentia)*. Vgl. die einschlägigen englischen und deutschen Wörterbücher sowie den *Thesaurus linguae latinae* (s. v.). Diese Verwendungsweisen liegen auch dem französischen Begriff *piété* (bei J. B. du Halde) und dem englischen *piety* (bei Edward Cave) zugrunde, so dass im Englischen *benevolence* anstelle von *piety* durchaus angemessen ist, nämlich im Sinne von „a feeling of tenderness aroused by the suffering or misfortune of another, and prompting a desire for its relief" (Sh. O. E. D. s. v.). Der etwa

und Billigkeit) von Natur aus *begabt* sind. J. B. du Halde vermittelt uns in M-duH4 diesen Sachverhalt kurz und knapp wie folgt: „[...] nous en avons les sémences & les principes dans notre cœur [...].“

In der ausführlichen phänomenalen Analyse dergestalt zu beobachtender Ereignisse wie dem des *strangers asleep in the fields* folgt David Hume allerdings in Abschnitt 9 des zweiten Buches seines *THN* (S. 381–389) einem anderen Gedankengang, in dessen Zentrum dann sein Gedankenexperiment steht. Im Ergebnis und in den sich ergebenden weiteren Folgen unterscheidet er sich aber nicht wesentlich von den genannten Textstücken des *Mengzi*.

6 Im Hinblick auf das Verhältnis von *benevolence* und *justice* ergibt sich für Hume bereits aus dem Resultat des Gedankenexperiments, dass *benevolence* (d. h. *the principle of benevolence*) natürlich ist, also in der Natur des Menschen durch *sympathy* verankert. Im Essay *Of the Original Contract* (1748, dort auf Seite 48) wiederholt er seine diesbezügliche Auffassung, indem er von einem „natural Instinct or immediate Propensity“ spricht und dafür auch den Ausdruck „humane Instincts“ verwendet: „[...] the Person, actuated by them, feels their Power and Influence, antecedent to any such Reflection [on the Advantage, that results to Society from such humane Instincts].“ In Bezug auf *justice* sieht das aber anders aus. Und das verdeutlicht er anschließend äußerst überzeugend und einprägsam, in eben diesem Essay (48 f; in *PW* 3. 454 f; Miller [ed.] 479 f). Somit steht *benevolence* im Kontrast zu *justice* bzw. den „laws [rules] of justice“, die er dann als *artificial* bezeichnet, als von Menschen aus gegebenem Anlass erzeugte und *benevolence* ergänzende Regelungen. Dennoch (so David Hume bereits im *THN* 3.2.6., S. 533): „[...] the sense of morality in the observance of these rules follows *naturally*, and of itself; tho' 'tis certain, that it is also augmented by a new *artifice* [...]“, wie beispielsweise durch Erziehung. Kurz und bündig heißt es dann später in seiner *conclusion* (3.3.6.): „Tho' justice be artificial, the sense of its morality is natural.“ (619)

in der Mitte des 18. Jahrhunderts auch von David Hume verwendete Begriff *benevolence* ist in dieser Bedeutung zu verstehen und entspricht so (auch in Bezug auf die *Mengzi*-Textstücke) einem damals angemessenen, modernen (säkularen) Verständnis der (eher antiquierten) Begriffe *pietas/piété/piety,* deren religiös-christliche Konnotationen, etwa im Sinne einer letztendlich auf Gott bezogenen Frömmigkeit, nicht ohne Weiteres hätten ausgeblendet werden können.

Die *Mengzi*-Textstücke vermitteln den Unterschied analog zwischen *pietas (piété)* und *aequitas (équité)* in einer anderen Ausdrucksweise, ohne dass sachlich ein wesentlicher Unterschied festzustellen ist. In Mem7 wird gesagt: „pietas est homini intrinseca" und „aequitas est homini extrinseca". Übertragen auf den Unterschied zwischen *benevolence* und *justice*[133] wird also festgestellt, dass *benevolence* innerlich (etwas inwendig Natürliches) ist, während *equity (justice)* äußerlich ist, und zwar bezogen auf die Natur des Menschen, und nicht einfach von-selbst-so entsteht und nach außen in Erscheinung tritt. Aber auch hier (in der berühmten Debatte mit einem Opponenten verdeutlicht) ist zwar *justice* beziehungsweise *equity* dem Menschen – wie in der (zitierten lateinischen) Formel zum Ausdruck kommend – *extrinsic*, jedoch letztendlich nicht ohne natürliche, von innen kommende Abstützung. Dies verdeutlicht uns, die Auffassung des *Mengzi* zusammenfassend, sehr überzeugend und einprägsam das diesbezügliche längere Textstück M-duH5 (s. o.). Es folgt nun der Satz, den der Opponent des Mengzi diesem konzidiert und der als Leitsatz bis heute die chinesische Rechtskultur charakterisiert, und mit dem David Hume keine Probleme hat, hier übersetzt aus der lateinischen Version von F. Noël: „[…] was dem Menschen am meisten obliegt, ist die Sorge, der Herzensgüte zu folgen, nicht der Billigkeit [*equity*]." (Mem7)

7   Auf der Grundlage des bis hierher ermittelten Sachverhalts spricht sich David Hume konsequent gegen die Annahme eines universalen Altruismus aus. Denn in der Natur des Menschen spreche nichts für eine solche Annahme. In der Vergangenheit wie in der Gegenwart, zumal in der aktuellen Lebenswirklichkeit der Menschen sei eine alle Menschen gleichermaßen umfassende und wirksame Menschenliebe nicht anzutreffen. Im *THN* 3.2.1. formuliert er seine Auffassung in einem etwa halbseitigen Abschnitt in drei deutlichen Varianten und differenziert dabei folgerichtig zwischen *sympathy with pain* und

---

133 J. B. du Halde verwendet in seiner zusammenfassenden *Mengzi*-Version beide Ausdrücke – *équité* und *justice* – alternierend, ohne offensichtlich zwischen beiden Ausdrücken einen Unterschied zu machen, nämlich etwa bzgl. *justice* im Sinne von strengen *rules (laws) of justice* und *equity law*, den der juristisch ausgebildete David Hume in seinem Zeitalter hätte nachvollziehen können. Hier, in unserem Zusammenhang, liegt es nahe, *équité (equity)* im Sinne einer allgemeinen Idee der Gerechtigkeit *(justice)* zu verstehen oder gar einfach synonym: *equity/justice* bzw. *justice/equity*. Unabhängig davon war auch in Humes Zeitalter *justice* der gebräuchlichere Begriff im Verständnishorizont des allgemein gebildeten Zeitgenossen.

allgemeiner Menschenliebe. Dort heißt es also, „[…] that there is no such passion in human minds, as the love of mankind, merely as such, independent of personal qualities, of services, or of relation to ourself." (481); mit anderen Worten, es könne weder „an universal affection to mankind" noch „an universal love among all human creatures" (481) angenommen werden.

Ähnlich wie Hume weist Mengzi in seinem Zeitalter, etwa zweitausend Jahre früher, eine den Altruismus stark favorisiernde Lehre entschieden zurück, nämlich die Lehre eines älteren und einflussreichen Kontrahenten, die des Sektierers Me Tie [Mo Di] und seiner Sekte. Denn diese nimmt keinerlei Rücksicht auf Blutsverwandtschaft und propagiert auf völlig unzureichender empirischer Grundlage und entgegen den Lehren alter weiser Herrscher und der des Confucius die Forderung, „[…] dass alle Menschen mit gleicher Liebe geliebt werden, und sie erkennt sogar Eltern nicht an" (Mem12). Diese Forderung macht also keinen Unterschied zwischen Eltern, Blutsverwandten, Freunden und Fremden (Mem13). Die englische Übersetzung der französischen Version (M-duH9) gibt den Inhalt der lateinischen Textstücke dergestalt wieder, dass sie die Aussage hervorhebt: „[…] That all Men ought to be loved alike, destroys the filial Affections, and makes no difference betwixt a Father and a Stranger."

Den *stranger*-Topos hat bekanntlich David Hume zum Gegenstand von Überlegungen und einem diesbezüglichen Gedankenexperiment genommen (s. o. Abs. 3), um dezidiert auch die Gegenmeinung, nämlich den ausschließlichen extremen Egoismus, mit guten Gründen zu kritisieren und letztendlich als unhaltbar zurückzuweisen. „'Tis true", so stellt er zweifach fest, [erstens] „there is no human, and indeed no sensible creature, whose happiness or misery does not, in some measure, affect us, when brought near to us, and represented in lively colours: But [zweitens] this proceeds merely from sympathy, and is no proof of such an universal affection to mankind, since this concern extends itself beyond our own species" (481). Er argumentiert also, dass *sympathy (with pleasure or pain)* erstens – und insoweit ist dies keine völlig neue Feststellung – die Quelle ist, den menschlichen Egoismus zeitweise und „in some measure" außer Kraft zu setzen; und zweitens, dass diesbezüglich *sympathy* auch die Quelle ist, die sich auf alle fühlenden Lebewesen erstreckt und nicht <u>nur</u> *mankind*-bezogen ist. Dieses Argument, das also für Hume kein Beweis <u>allgemeiner</u> Menschenliebe ist und bezüglich *sympathy with pain* gegenüber allen fühlenden Lebewesen mit einem sehr markanten *Mengzi*-Textstück[134] verblüffende Ähnlichkeit aufweist, stützt er später durch eine weitere Bemerkung unter Rekurs auf „sensible creature".[135] Sein vorgetragenes Argument gegen die Annahme eines ausschließlichen extremen Egoismus (diesbezüglich ist seine Wortwahl entweder *selfishness, self-interest,* oder *self-love*) untermauert er noch durch Mitteilung seiner folgenden Auffassung: „So far from thinking, that men have no affection for any thing beyond themselves, I am of opinion, that tho' it be rare to meet with one, who loves any single person better than himself; yet 'tis as rare to meet with one, in whom all the kind affections, taken together, do not over-balance all the selfish." (*THN* 3.2.2., 487) Somit vertritt David Hume seinerseits einen modifizierten, schwach ausgeprägten Altruismus; oder anders formuliert, er vertritt einen zwar generellen, jedoch unter gegebenen Umständen eingeschränkten (nicht dominanten) Egoismus.

Ähnlich wie er wendet sich auch Mengzi gegen ein extremes Profitstreben und einen ausschließlichen Egoismus, die die Menschen untereinander völlig verwirrten und die öffentliche Ordnung ins Chaos stürzten. Und dementsprechend warnt er vor der Verbreitung solcher Propaganda und bekämpft entschlossen solche Lehrmeister. In M-duH8, hier in der englischen Fassung, lesen wir: „Such [dangerous sect] is that of *Yang shu,* who, without regarding the public Good, teaches that every one ought to mind only Himself and his own Interest […]." 1711, in der lateinischen Version Mem11, Satz1, findet sich, hier

---

134 Das Textstück (bei J. B. du Halde, a. a. O. I. I., 402–403) lautet in der englischen Fassung bei Edward Cave wie folgt: „*Hu he* your [majesty's] first Minister told me [Mengzi], that one Day as you were walking out of your Palace, you saw an Ox, whom they had bound, and were leading out of the Walls to be slaughtered; and that being melted with the sight, you ordered the Ox to be carried back to his stall. If the Death of a worthless Animal, could excite your Compassion, can your Heart be insensible, when you see the Miseries of your People?" (I. I., 425); vgl. die lateinische Version bei F. Noël, a. a. O. I. I. 32.-36., insbes. 32., 33., 219–221; siehe auch Mencius *(Mengzi)* I.I.VII. 4.-8. [1a7, 4–8 bei James Legge: *The Chinese Classics,* a. a. O. [Fn 110] vol. II].

135 Das vollständige – sehr aufschlussreiche – Textstück, das im Übrigen in Verbindung mit dem *stranger-asleep-in-the-fields*-Gedankenexperiment zu lesen ist, lautet: „The person is a stranger: I am no way interested in him, nor lie under any obligation to him: His happiness concerns not me, farther than the happiness of every human, and indeed of every sensible creature: That is, it affects me only by sympathy. From that principle, whenever I discover his happiness and good, whether in its causes or effects, I enter so deeply into it, that it gives me a sensible emotion." (*THN* 3.3.1., 588–589; siehe auch *EPM,* SB 300 (PW 4. 270).

in deutscher Übersetzung, die folgende Bemerkung: „Der Sektierer *Yam Chu [Yang shu]* ist der Meinung, dass es genug sei, wenn er für sich allein sorge."[136]

In diesem Zusammenhang bemerkt Hume, allerdings mit geschärftem Blick auf die diesbezügliche Rolle der Vernunft (reason): „'Tis not contrary to reason to prefer the destruction of the whole world to the scratching of my finger." (*THN* 416) In einem nicht ganz unähnlichen Textstück, gegen den extremen Egoismus, den Yam Chu (Yang shu) lehrt, finden sich die folgenden Worte (aus dem Lateinischen ins Deutsche übersetzt): „Wenn es auch noch so sehr nötig wäre, sich auch nur ein einziges Haar auszureißen, um dem ganzen Reich zu Hilfe zu eilen, würde er nicht einmal jenes [eine Haar] sich ausreißen." (Mem11, Satz 2) Abgesehen von den unterschiedlichen Kontexten sind die Übereinstimmungen der beiden Positionen und Textstücke erstaunlich und unübersehbar; für uns ein weiteres Indiz, dass der junge David Hume sehr wahrscheinlich auch die lateinische *Mengzi*-Version gelesen hat. Und vermutlich gilt das auch für die neun zuvor erwähnten Fälle. So geistert in diesem letzten Fall (dem zehnten) Yam Chus „Härchen" (jenes eine Haar), mutiert zu Humes „Finger", durch die europäische Philosophie der Neuzeit.[137]

---

136 Vergleichsweise lautet Mem10 (in Übersetzung): „Die Yam Sekte nimmt keinerlei Rücksicht auf das öffentliche Wohl, sondern kümmert sich nur um sich selbst, und lässt sogar die Könige unberücksichtigt."

Beide Lehren, die des oben genannten Me [Mo] und die des Yam [Yang Chu], erwähnt in Europa (s.o.) im Bereich der Philosophie bereits Christian Wolff, und zwar in seiner spektakulären und weit verbreiteten *Chinesen-Rede* (1721/1726) anhand der lateinischen *Mengzi*-Version von F. Noël (1711). Wolff bemerkt in seiner Rede, dass nach der Lehre des Me unterschiedslose allgemeine und gegenseitige Menschenliebe zu gelten habe, und nach Yams Lehre jeder nur für sich selbst sorgen müsse. Siehe Christian Wolff, a. a. O. 98–99. Nun lehnt Mengzi, der zweite große Lehrer der herrschenden *Sanften Gelehrten-Schule* (des hier sog. Konfuzianismus) diese beiden extremen Lehren entschieden ab. Denn „[o]ffenbar versteht Mengzi", wie das Geldsetzer/Hong sehr einprägsam verdeutlichen, „den strikten Egoismus und den ebenso strikten Altruismus als solche Verrücktheiten, zwischen denen das philosophische Denken sich in der Mitte zu halten hat". Lutz Geldsetzer / Hong Han-ding, *Grundlagen der chinesischen Philosophie* (Stuttgart 1998) 165. Und für David Hume in Europa zweitausend Jahre später sieht das grundsätzlich nicht anders aus; er sieht es nämlich als unmöglich an, weder den zwischenmenschlich extremen Altruismus noch den extremen Egoismus empirisch aus der Natur des Menschen zu begründen.

137 Siehe beispielsweise J. L. Mackie, *Ethics* [1977] (London 1990) 79; Dieter Birnbacher, *Verantwortung für zukünftige Generationen* (Stuttgart 1988) 200 mit weiterem Hinweis.

Auch 11 Jahre nach seinem *THN* (1739, 1740) hat David Hume seine (oben dargelegte) Auffassung besonders bezüglich des „true origin of morals" (*EPM*[138] 173) nicht geändert; lediglich die jeweilige Wortwahl im Zusammenhang von *sympathy* und *benevolence* sowie die angemessene Darstellung sind dem Essaystil des *EPM* (erschienen 1751) angepasst. In Übereinstimmung mit seinem damaligen Ergebnis im *THN* kann er sein mittlerweile großes schriftstellerisches Geschick einsetzen, um jetzt einer zahlreichen und gebildeten Leserschaft in vielfältiger und geschmeidiger Ausdrucksweise überzeugend aufzuzeigen, dass letztendlich allein „disinterested benevolence, distinct from self-love" (*EPM* 301) als Grundlage der Moral in Betracht kommt. Alle Menschen haben demnach zumindest „in some measure" (*THN* 481, vgl. *EPM* 271) ein natürliches, wenn auch schwach ausgeprägtes Mitmenschlichkeitsgefühl („natural philanthropy", *EPM* 227), an dessen Anfang *sympathy* bzw. *sympathy with pain or pleasure* steht (vgl. *EPM* 174, 219, 271, 273, 275). Ausführlich liest sich dieses Ergebnis jetzt wie folgt: „And though this affection of humanity may not generally be esteemed so strong as vanity or ambition, yet, being common to all men, it can alone be the foundation of morals […]." (*EPM* 273) Gegen die Vertreter und Anhänger der Egoismus-These formuliert er somit sein Ergebnis. Denn, und das ist auch hier seine ungeschmälerte Überzeugung: „[…] the voice of nature and experience seems plainly to oppose the selfish theory." (*EPM* 215, vgl. 271) In einer bemerkenswerten Fußnote auf Seite 220 verstärkt er seine Auffassung, indem er formuliert: „No man is absolutely indifferent to the happiness and misery of others." (vgl. *EPM* 275)

Wie schon festzustellen war, arbeitet David Hume im *EPM* mit einer Reihe gängiger und sachdienlicher Synonyme, beispielsweise *humanity* für *benevolence* und umgekehrt; anstelle von *humanity* oder *sympathy* spricht er von „humanity or a fellow-feeling with others" (*EPM* 219 Fußnote), oder er verwendet wechselweise „general benevolence, or humanity, or sympathy" (*EPM* 298 Fußnote; vgl. 231, 272, 273, 276, 281, 282, 300, 301, 303); und das alles ist, wie schon im *THN,* kaum zu übersehen, und es ist in Übereinstimmung zu

---

138 Hier und im Folgenden zitiert nach der Edition: David Hume (1751, 1777), *An Enquiry concerning the Priniples of Morals* [in *Essays and Treatises on Several Subjects,* vol. II], reprinted from the posthumous edition of 1777 and edited by L. A. Selby-Bigge, third edition […] by P. H. Nidditch (Oxford 1975), zitiert in der Abkürzung *EPM* und folgender Seitenangabe.

finden mit den aufgezeigten *Mengzi*-Textstücken, insbesondere Mem9, M-duH7.

Noch eine weitere festzustellende Übereinstimmung mit dem *Mengzi*-Text (in unserer Untersuchung die elfte und vorläufig die letzte) tritt jetzt deutlich in den Vordergrund. David Hume räumt nämlich im *EPM benevolence* den ersten Rang unter den Tugenden ein, also noch vor *justice*. Diese Rangfolge mit den jeweiligen „subdivisions" (*EPM* 305) zeichnet sich bereits 1745 durch eine gebotene Klarstellung ab (*LG* 120) und wird dann drei Jahre später eindeutig bestätigt (*OC* 1748, 48 f) und dann im *EPM* bereits im Inhaltsverzeichnis zum Ausdruck gebracht *(Sect. I. Of the general Principles of Morals, II. Of Benevolence, III. Of Justice).* Dabei versteht er, wie gesagt, „this affection of humanity", mit anderen Worten *benevolence*, als die Grundlage der Moral („the foundation of morals"). (s. *EPM* 273) Während im antiken vorchristlichen Europa *benevolence (humanity)* nicht unter den vier Kardinaltugenden zu finden ist, fügt David Hume diese nicht nur hinzu; er setzt sie gar an die erste Stelle und begründet sie allein aus der Natur des Menschen (wie schon im *THN*) ohne Rekurs auf Metaphysik oder Inanspruchnahme theologischer Begründungskonzepte. Und genau dementsprechend findet sich im *Mengzi*-Text eine auffällige Übereinstimmung (s. Mem8 und Mem9). So lautet die englische Fassung (1738) nach der französischen Textversion von J. B. du Halde (1735): „The first Instruction he [Mengzi] gives the Prince, is to have no other view in Government, but Piety [i.S.v. *benevolence*] and Equity [bzw. *justice*]" (424; vgl. 437, 439, 440; 425, 427, 429, 431 f, 436).

In Verbindung mit seiner völlig neuartigen säkularen Begründung der Moral nimmt David Hume fünfundzwanzig Jahre später eine fällige und gebotene Korrektur samt Klarstellung vor, und zwar im Sinne seiner frühen *benevolence*-Konzeption im *THN* und dies in bedachter Abgrenzung von Shaftesbury, Hutcheson und J. Butler. Dabei war es wahrscheinlich auch noch die Rückbesinnung auf die damals herausgearbeiteten Verbindungslinien zwischen *sympathy (with pain or pleasure), pity* und *benevolence*, und insbesondere seine Auffassung von *sympathy with pain* (*THN* 385, 481, 588 f) als Anfang *(principium)* von *benevolence*,[139] die ihn am 12. August 1776, dreizehn

---

[139] Vgl. J. L. Mackie, *Hume's Moral Theory*, a. a. O. [Fn 102] 121: „[...] Hume does not, like Hutcheson or Shaftesbury or Butler, take benevolence as a basic given element in [!] human

Tage vor seinem Tod, zu dem folgenden Text im Brief an seinen Verleger William Strahan motivierte: „Dear Sir, Please to make with your Pen the following Correction. In the second Volume of my philosophical Pieces [...], eraze these words, *that there is such a sentiment in human nature as benevolence.*"[140] Somit liest sich dieses Textstück auf Seite 181 des *EPM* nur noch wie folgt:

> Upon the whole, then, it seems undeniable [hier folgte die entfernte Textpassage] *that* nothing can bestow more merit on any human creature than the sentiment of benevolence in an eminent degree; and *that* a part, at least, of its merit arises from its tendency to promote the interests of our species, and bestow happiness on human society."[141] (vgl. *EPM* 176, den Anfang des Kapitels über *benevolence*)

Diesbezüglich aber ändert David Hume nicht auch noch alle anderen, ähnlich missverständlichen Textstücke, beispielsweise auf Seite 271 und in der Fußnote auf Seite 219 des *EPM* (1777); dort schreibt er (sinngemäß nicht ohne Bezug auf Formulierungen im *Mengzi*-Text): „It is needless to push our researches so far as to ask, why we have humanity *[benevolence]* or a fellow-feeling with others *[sympathy]*. It is sufficient, that this is experienced to be a principle [beginning] in human nature."

So bleibt es dabei, im Ergebnis, in wohlerwogener Übereinstimmung mit seiner im *THN* geäußerten Überzeugung und in Anlehnung an die genannten *Mengzi*-Textstücke in lateinischer und französischer Version (Mem9 und 4, M-duH7): *Sympathy with pain* ist der Anfang von *benevolence,* und *benevolence* in diesem Sinne ist dann „the principle of humanity" (*EPM* 272) oder

nature, but explains it as resulting from sympathy. [...] In the *Enquiry [EPM],* however, [in contrast to the *THN*] Hume abandons these explanatory psychological theories, and falls back on the mere fact of benevolence [...]." Ähnlich argumentiert bereits 1972 Philip Mercer, a. a. O. [Fn 104] 42 fn: „In fact, in the *Enquiry Concerning the Principles of Morals* Hume does away with the whole mechanism of sympathy and with it the need to show a connection between sympathy and benevolence. In its place he puts the ‚sentiment of humanity' or benevolence – an original and natural passion by which we are concerned for those with whom we have fellow-feeling [...]."

140 Zitiert nach J. Y. T. Greig (ed.), *The Letters of David Hume,* vol. II [1932] (New York and London 1983) 331.

141 Auf diesen wichtigen Sachverhalt macht auch, aus einer etwas anderen Blickrichtung, Gerhard Streminger in seiner *Einleitung* zu Humes *EPM* [Eine Untersuchung über die Prinzipien der Moral (Stuttgart 1984) 3–84; 52, 81 Fn 41] aufmerksam.

„this affection of humanity" (*EPM* 273) und so die Grundlage der Moral; und das ohne göttliche Einstiftung, allerdings durch Erziehung noch zu kultivieren. Denn Erziehung ist unverzichtbar, damit Wohlwollen und nachfolgend vielleicht auch Wohltun ihre volle Wirksamkeit in der Gesellschaft entfalten können (siehe *THN* 488, 489, 534; *EPM* 214, 275, 280).

5

Beweislage und Ergebnis
der Untersuchung

'Tis [It is] so far from being a virtue to have a good memory, that men generally affect to complain of a bad one; and endeavouring to persuade the world, that what they say is entirely of their own invention, sacrifice it to the praise of genius and judgement. (*THN* 612)

1.1 Der Vergleich der moralphilosophischen Aussagen Humes mit den dokumentierten *Mengzi*-Textstücken hat also im Wesentlichen 11 beachtliche Übereinstimmungen der Sache nach ergeben. Da jedoch kein einziger direkter Hinweis von Hume auf die Quelle zu ermitteln war, könnten die Übereinstimmungen auf Zufall beruhen. Dass er die Textstücke tatsächlich gekannt hat und dadurch bei der Ausarbeitung und Darlegung seiner Moraltheorie beeinflusst worden ist, dafür gibt es bis heute keinen direkten Beweis; es existiert weder eine entsprechende Aussage seinerseits noch irgendeine diesbezügliche Zeugenaussage. Auch Urkunden, die ihrem eindeutigen Gedankeninhalt zufolge als Beleg herangezogen werden könnten, waren nicht aufzufinden, weder diesbezügliche Briefe, Notiz- oder Tagebücher noch sonstige einschlägige verwertbare Aufzeichnungen von ihm oder anderen Personen. Von ihm selbst ist somit *direkt* nichts zu erfahren; von seinem Biografen E. C. Mossner erfahren wir nur: „[…] it is apparent that, as a student of Moral Philosophy before the day of specialization, Hume was reading omnivorously on all aspects of

what he termed the ,science of Human Nature'."[142] Auch wortwörtliche
Übersetzungen im Zusammenhang der dokumentierten *Mengzi*-Textstücke
waren nicht festzustellen. Eine Aussage seinerseits (im *THN* 3.3.4.), auf den
Umgang mit fremden Quellen anspielend, existiert lediglich in der Art und
Weise, die das Motto dieses Kapitels (s. o.) zum Ausdruck bringt. Ob sich dort
ein gut *verschlüsseltes* Geständnis verbirgt? Ob er selbst versucht hat, um es in
seiner Ausdrucksweise (siehe oben) zuzuspitzen, *to persuade the world, that
what [he says] is entirely [!] of [his] own invention?*

1.2   Mangelt es zwar an *direkten* Beweisen, so gab es doch bereits zahlreiche
verwertbare Hinweise und erstaunliche Anzeichen, die den Anfangsverdacht
begründet haben, dass Humes Moralphilosophie chinesisch beeinflusst sein
könnte (siehe Kapitel 1). Dieser Verdacht hat sich inzwischen, deutlich sichtbar, verstärkt. Denn zu den festgestellten Bezugnahmen auf China und Confucius sind die 11 aufgedeckten Übereinstimmungen zwischen seiner Moraltheorie und dem Moralkonzept (samt Begründung) des *Mengzi* hinzugekom-
men, die den Schluss zulassen, dass David Hume vor Veröffentlichung seines
THN einschlägige Textkenntnisse besessen hat, darunter auch die dokumentierten *Mengzi*-Textstücke, insbesondere und kaum zweifelhaft die in der
französischen Version von J.B. du Halde (1735, 1736). Dabei fällt noch ins
Auge, den Verdacht weiter verstärkend, die Verbindungslinie zwischen den
genannten *THN*-Bezugnahmen und solchen der sich unmittelbar anschließenden Essays in den Jahren 1741 und 1742. Wie bereits oben in Kapitel 1.4 erwähnt, sind diesbezüglich die Essays *Of Superstition and Enthusiasm* (1741)
und *Of the Rise and Progress of the Arts and Sciences* (1742) besonders auffällige Indizien. Denn dort[143] gibt er ohne Weiteres, im Textzusammenhang jeweils gut platziert, direkt Auskunft, was er über China und Confucius weiß
(eine Quellenangabe, wie gesagt, existiert nicht). Auffällig ist auch der nicht
fern liegende Zusammenhang mit Lord Chesterfields (1694–1773) Bezugnahmen auf China in Verbindung mit J.B. du Haldes Werk[144] und Humes auf-

---

142 Ernest C. Mossner (ed.), „Hume's Early Memoranda, 1729–1740", in *Journal of the History of Ideas* 9 (1948): 492–518; 496.
143 Siehe oben in Kapitel 1.4 i.V.m. Fußnoten 78 bis 80, insbesondere mit Fußnote 79.
144 Siehe William W. Appleton, *A Cycle of Cathay* [Fn 30], wie folgt: „Using Chinese maxims
and fables, anonymous writers in the *London Journal, London Gazeteer,* and *Fog's Journal*
attacked and admonished the current administration. Of this type are two miscellaneous es-

schlussreicher Bemerkung, „[...] we give the same approbation to the same moral qualities in *China* as in *England*" (*THN* 3.3.1., Seite 581). Einen weiteren nicht unbeachtlichen Hinweis, dass Hume J.B. du Haldes *Description of China* (im französischen Original 1735 erschienen) sehr wahrscheinlich gekannt und noch vor Veröffentlichung des *THN* studiert hat, verdanken wir Lewis A. Maverick 1946;[145] instruktiv ist auch Mavericks Bemerkung: „Du Halde's condensation of the Book of Mencius [...] is of interest, as his work gave Mencius his first wide circle of readers in Europe."[146] Zusammen genommen ergeben alle diese Hinweise und Anzeichen einen tatsächlich verwertbaren erheblichen Indizienbeweis.

1.3   Humes allgemeine Bezugnahmen auf China und Confucius und seine *Mengzi*-Kenntnisse müssen auch im Zusammenhang mit dem Einfluss gesehen werden, den sein großer Lehrmeister Pierre Bayle in Sachen Aufklärung, vornehmlich im Zusammenhang mit Religions- und Moralkritik (unter chinesischem Einfluss), auf ihn ausübte. Während Bayles Einfluss auf den noch jungen David Hume unbestritten und hinlänglich bekannt ist,[147] wird kaum bedacht, dass sehr wahrscheinlich, von Bayles Werk ausgehend, Humes anfängliches und andauerndes Interesse für China und die chinesische Philosophie geweckt worden ist. In unserer Sichtung und Prüfung der Beweislage wird insbesondere zu berücksichtigen sein, worauf neben anderen Gelehrten der prominente Hume-Biograf E.C. Mossner aufmerksam macht, dass nämlich Hume mit bibliografischen Zuordnungen und Hinweisen auf seine Quellen äußerst zurückhaltend umging und nur selten den damals geltenden Gepflo-

---

says by Lord Chesterfield. / The first, in *Fog's Journal,* January 24, 1736, Chesterfield devoted to the thesis that human behavior is everywhere similar, dictated by the same pursuit of pleasure and the avoidance of pain. [...] In *Common Sense,* May 14, 1737, citing Du Halde, he praised China as an example of morality and good government [...]." (126, 127)

145 *China a Model for Europe* [Fn 3] 26.

146 Ibid. 25.

147 Siehe Ernest C. Mossner (ed.), „Hume's Early Memoranda, 1729–1740" [Fn 142] 494, cf. 495f (mit weiteren Hinweisen). In seiner profunden Hume-Biografie, *The Life of David Hume* (Oxford 1980) 78, sagt Mossner in aller Deutlichkeit: „[...] I wish to stress the danger of looking for the unique source by indicating the wide range of influences to which he [Hume] was deliberately subjecting himself."

genheiten entsprach.[148] Daher ist es oft unmöglich, zumal in Anbetracht seiner weit reichenden und umfangreichen Literaturarbeit einschließlich des zu bewältigenden Lesepensums (siehe u. a. seine *Early Memoranda,* 1729–1740), die Quellen, aus denen er Inspiration und Anregungen schöpfte, mitunter auch nur annähernd zu erschließen, geschweige denn im Rahmen der Einflussfrage zweifelsfrei zu crmitteln.

Was allerdings Pierre Bayle und China betrifft, ist für uns der Sachverhalt weitgehend eindeutig und bedarf keiner weiteren Aufklärung. Ihm ist es nämlich zu verdanken, dass er zwar mit angemessener Vorsicht, aber in aller Deutlichkeit seinen Lesern (und zu ihnen gehörte ja der junge David Hume lange vor der Veröffentlichung seines *THN*) ein in Sachen Moral und deren Praxis vorbildliches China schildert, das diesbezüglich, auf gottloser Grundlage konstituiert, dennoch Europa moralisch in den Schatten stellt.[149] Wie gesagt, auf Vorsicht bedacht, musste Bayle seine auf ein gottloses China bezogenen Textteile und gelegentliche sarkastische antichristliche Äußerungen in seinem *Dictionnaire* geschickt verstecken (auch darin ein Vorbild für Hume?). Dergestalt wählte er den (später berühmt gewordenen) Artikel über *Spinoza,* um so einprägsam wie unter diesen Umständen möglich auch auf chinesisches Gedankengut aufmerksam zu machen und den Weg zu den Quellen selbst aufzuzeigen, wozu nach seinem Tod (1706) und seit dem Geburtsjahr David Humes auch die lateinischen *Mengzi*-Versionen gehören. Insgesamt gelingt es Bayle in seinem *Dictionnaire,* ein historisch nachprüfbares Argument für die Möglichkeit aufzuzeigen, staatliche Ordnung, gottlose Moralnormenpraxis und individuelles Wohlergehen, auch ohne jüdische oder christliche Theologie, verträglich und erfolgreich zu verbinden.[150] Dieser Sachverhalt dürfte David Hume bei seinem Studium des genannten *Spinoza*-Artikels nicht entgangen sein. Ein Brief von ihm auf dem Rückweg von La Flèche nach London, adressiert an Michael Ramsay, Tours, 26. August 1737, ist für uns ein wertvolles

---

148 Ernest C. Mossner (ed.), „Hume's Early Memoranda, 1729–1740" [Fn 142] 495: „Unfortunately Hume did not follow any such elaborate system of bibliography" (wie das von John Locke deklarierte [und praktizierte?], worauf Mossner mit einem wörtlichen Zitat bzgl. Locke instruktiv hinweist).
149 Vgl. Richard H. Popkin, *Introduction to* The Dictionary Historical and Critical of Mr Peter Bayle [siehe Fn 49 i.V.m. dem Literaturverzeichnis] X.
150 Vgl. Thijs Weststeijn, „Spinoza sinicus: An Asian Paragraph in the History of the Radical Enlightenment", in *Journal of the History of Ideas* 68 (2007): 537–561; 550–552, 560f.

Beweisstück, dass er mit chinesischem Gedankengut, angeregt von Pierre Bayle, vertraut war. Er empfiehlt also in seinem Brief, neben anderen Hinweisen und Ratschlägen, „[...] to read over once [...] some of the more metaphysical Articles of Bailes [sic] Dictionary; such as those [of] Zeno, & Spinoza."[151]

Darüber hinaus können wir noch mit guten Gründen annehmen, dass in Anbetracht der hohen Meinung, die Bayle von Leibniz hatte,[152] David Hume dessen *Novissima Sinica* (in zwei Auflagen kurz hintereinander 1697 und 1699 erschienen), zumindest das anregende Vorwort, gelesen hat. Textkenntnis Humes ist auch zu vermuten hinsichtlich der europaweit bekannt gewordenen, berühmt-berüchtigten *Rede über die praktische Philosophie der Chinesen* von Christian Wolff (1721), und zwar in der fünf Jahre später erfolgten und veröffentlichten Version,[153] die ausführlich auf die Moralphilosophie des *Mengzi* in der lateinischen Version von F. Noël aufmerksam macht. David Hume brauchte also nur noch eine wirklich große, umfangreiche Bibliothek in Frankreich, wo er sich seit dem Sommer 1734 aufhielt; diese musste er (aus Kostengründen möglichst außerhalb des für einen längeren Aufenthalt zu teuren Paris) nur noch ausfindig machen und, am besten ausgestattet mit einem Empfehlungsschreiben, aufsuchen, um gegebenenfalls den *Mengzi*-Text dort studieren zu können. Über seinen erfolgten, zweijährigen Aufenthalt in La Flèche wird gleich anhand nur noch spärlich vorhandener Daten von Seiten David Humes kurz zu berichten sein.

1.4 Vorerst müssen wir noch ein weiteres, nicht bloß nebensächliches Indizienmoment im Rahmen der Erörterung der Beweislage zur Kenntnis nehmen. Es handelt sich um die Rolle, die der Chevalier Ramsay (Andrew Michael Ramsay [1686–1743]) als Repräsentant damaliger Chinabewunderung, und diesbezüglich sachkundiger Gesprächspartner für David Hume in Paris spielte. Dabei ist es für uns nicht uninteressant zu erfahren, dass der Chevalier selbstverständlich seinen jungen wissbegierigen Freund mit nützlichen Emp-

---

151 „Hume's letter to Michael Ramsay, 26 August 1737", in Ernest C. Mossner, *The Life of David Hume*, a. a. O., 2nd ed. 1980, 626–627, 627.
152 Siehe Donald F. Lach, „China and the Era of the Enlightenment", in *Journal of Modern History* 14 (1942): 209–223; 219. David Hume selbst erwähnt ihn in seinem *ABSTRACT* (1740) mit den Worten: „The celebrated *Monsieur Leibnitz* (sic)". David Hume, *THN*, SB 646.
153 Siehe oben, Kapitel 1.3 und 1.4.

fehlungsschreiben ausstattete; eines dieser Schreiben versprach ihm nicht nur auf freundliche Weise Zugang zu einer bemerkenswerten Privatbibliothek, sondern dort in Reims auch Gespräche mit einem „Gentleman", einem der „most learned in France".[154] Ob in dieser Konstellation die chinesische Kultur zur Sprache kam, wissen wir nicht. Aber wir wissen, dass der Chevalier, dem damaligen vorherrschenden Zeitgeist entsprechend, von den chinesischen Klassikern und gottlosen Weisheitslehrern beeindruckt war.[155] Sehr wahrscheinlich ist auch das David Hume nicht unbekannt geblieben. Jedenfalls entwickelte der Chevalier im Laufe der Zeit ein so starkes Interesse an chinesischem Denken, dass er in einer Serie „Chinesischer Briefe" dies auf Französisch zum Ausdruck brachte und diese für die Veröffentlichung vorbereitet hat. Von G. D. Henderson erfahren wir in diesem Zusammenhang:

> Ramsay [...] had thrown out the suggestion that perhaps David Hume could be persuaded to undertake their translation into English. Ramsay was satisfied that Hume was qualified to do the work finely, but felt that he would probably be ‚too full of himself to trouble his pregnant, active, protuberant genius to drudge at a translation'. The *Chinese Letters* were never published, and seem to have disappeared.[156]

David Hume kommt viele Jahre später noch einmal auf den Chevalier und China zu sprechen, indem er ihn zunächst lobend erwähnt und anschließend ausführlich zitiert, und zwar in seinem (Humes) eigenen Werk unter dem Titel *The Natural History of Religion* (1757); dort schreibt er unter Hinweis auf „the Chevalier RAMSAY's (sic) philosophical principles of natural and revealed religion, Part ii. p. 401" (zu vergleichen mit den Hinweisen in der deutschen Ausgabe, *Die Naturgeschichte der Religion* [1984], 61–63, 121 f) das Folgende;

154 *The Letters of David Hume*, [Fn 76] vol. 1, 22f, letter 5: Rheims, Septr. 12, 1734. N.S.; dort schreibt Hume: „I must likewise add, that he [the gentleman] has a fine Library, so that we shall have all Advantages for Study."
155 Vgl. William W. Appleton, *A Cycle of Cathay* [Fn 30] 49 (37–52); Arnold H. Rowbotham, „The Jesuit Figurists and the Eighteenth-Century Religious Thought" (1956), in Julia Ching and Willard G. Oxtoby (eds.), *Discovering China [...]* (1992) 39–53; 48f; Donald F. Lach, „China in Western Thought and Culture", in *Dictionary of the History of Ideas*, 4 vols. (1968) 353–373; 360.
156 George David Henderson, *Chevalier Ramsay* (London [...] 1952) 206–207; siehe auch 205f.

nämlich: „„What strange ideas', says he, ‚would an Indian or a Chinese philosopher have of our holy religion […]?‘“[157]

In etwa diese 23 Jahre von 1734 bis 1757 sind es gewesen, in denen das Interesse an China in vielfacher Hinsicht, insbesondere an chinesischem Denken, ganz allgemein sowohl in Frankreich[158] als auch in England[159] nachhaltig ausgeprägt war. So lag für die damaligen Intellektuellen wie auch für den jungen David Hume unter dem Einfluss seines großen, in Chinakunde ausgewiesenen und geschickt taktierenden Lehrmeisters Pierre Bayle die Frage in der Luft, ob tatsächlich und wie lange eine gottlose Gesellschaft lebensfähig sei. Konnte eine Gesellschaft, konnte ein Staatsgebilde existieren auf der Grundlage von Moralprinzipien, die weder durch den Offenbarungsglauben oder durch andere religiöse, göttlich inspirierte Glaubensgehalte noch durch metaphysische Annahmen abgesichert waren? „The issue“, schreibt G. F. Hudson 1964 in einem hier zu bedenkenden Zusammenhang, „was not altogether new, for it had arisen with regard to the ancient Greco-Roman world, which had had moral codes based only on human reason, but the historical victory of Christianity over classical paganism had appeared to prove the inadequacy of the latter, whereas Confucian China confronted Christendom as a contemporary and her challenge did not therefore have the character of a lost cause.“[160]

Es ist ziemlich unwahrscheinlich, dass dieser Zusammenhang beim Umgang mit den aufgeworfenen Fragen David Hume während seiner Arbeit an den moralphilosophischen Teilen des *THN* unbekannt geblieben ist; dies beweisen seine gelegentlichen Bezugnahmen auf China (s. o.) in genügender Deutlichkeit. Wer etwa in den Jahren von 1735 bis 1751 in Sachen China Rat brauchte und diesen nach den damaligen Gegebenheiten verlässlich einholen wollte, konnte seit 1735 auf das in französischer Sprache von J. B. du Halde vorgelegte große Werk, seine *Description […] de la Chine,* zurückgreifen, und ein Jahr beziehungsweise drei Jahre später auch auf die in englischer Sprache erschienenen Ausgaben (Übersetzungen) von John Watts (diese allerdings ohne die *Mengzi*-Textversion) und von Edward Cave, bei ihm auf den ersten

---

157 In: David Hume, *The Philosophical Works,* vol. 4. 355–356, fn 2.

158 Siehe Eun-Jeung Lee, „*Anti-Europa“* [Fn 48] 59–68.

159 Siehe Edmund Leites, „Confucianism in eighteenth-century England“ [Fn 38] 143, 148–150, 153.

160 G. F. Hudson, „China and the World: A summary of intellectual and artistic influences“, in Raymond Dawson (ed.), *The Legacy of China* (Oxford 1964) 340–363; 359.

Band seit September 1738 mit der vollständigen Übersetzung der französischen Textversion des *Mengzi*. Wie populär und von hochrangigen Schriftstellern gefragt dieses Werk gewesen ist, verdeutlicht uns eine wertvolle Darstellung von Fan Tsen-Chung aus dem Jahr 1945.[161] Kein Geringerer als der einflussreiche Verleger Edward Cave (1691–1754), zugleich Gründer und Herausgeber der Zeitschrift *The Gentleman's Magazine* (1731–1914), besorgte die vollständige englische Ausgabe (in zwei Bänden, 1738, 1741) der *Description [...] de la Chine*. Und nicht nur das. Es gelang ihm auch, Samuel Johnson (1709–1784), später der berühmte Dr. Johnson, für zwei Essays über China in direkter Verbindung mit der *Description [...] de la Chine* zu verpflichten und diese Essays im Magazin zu veröffentlichen (1738 und 1742), um dadurch noch die Aufmerksamkeit auf das Unternehmen der Veröffentlichung seiner englischen Ausgabe der *Description* zu verstärken. So sagte Johnson 1742, gestützt auf seine *Description*-Lektüre: „His [Confucius's] whole Doctrine tends to the Propagation of Virtue, and the Restitution of Human Nature to its original Perfection."[162] Und das konnte Hume bereits seit 1735 anhand des französischen Originals der *Description* wissen. Denn es ist äußerst unwahrscheinlich, dass er – damals in Frankreich und anschließend in London, dort von September 1737 bis Februar 1739, an seinem *THN* arbeitend – die *Description* nicht gekannt und studiert hat. Benutzte er auch den ersten Essay von Johnson (im Juli 1738 im *Gentleman's Magazine* erschienen) als eine zusätzliche Informationsquelle und Anregung für beispielsweise die folgende Bemerkung im *THN* (3.3.1., S. 581)? Humes Textstück lautet dort: „We sympathize more with persons contiguous to us, than with persons remote from us: [...]. But notwithstanding this variation of our sympathy, we give the same approbation to the same moral qualities in *China* [!] as in *England*." In der Formulierung von Johnson können wir Folgendes zur Kenntnis nehmen und vergleichen: „He [the reader] will [according to Du Halde's copious and accurate account] find a calm, peaceful satisfaction, when he reads the Moral Precepts, and wise Instructions of the *Chinese* Sages; he will find that Virtue is in every Place the

---

161 *Dr. Johnson and Chinese Culture* (London [The China Society] 1945, Reprint 1973). Vgl. Paul A. Rule, *K'ung-tzu or Confucius?* [Fn 35] 185. Demnach ist es kaum zweifelhaft, dass confucianistische Weisheiten benutzt wurden, um eigene Ansichten zu kommentieren oder zu stützen; mitunter aber auch, bereits confucianistisch beeinflusst, diese Ansichten zu äußern.
162 Zitiert nach Fan Tsen-Chung, ibid. 14, dort mit weiterem Hinweis.

same, [...]."[163] Oder hatte der junge David Hume seinerseits diese und andere Erkenntnisse in Verbindung mit chinesischem Gedankengut bereits beim Studium der Texte in der berühmten großen Bibliothek des jesuitischen Collège royal in La Flèche gewonnen?

1.5   Was seinen zweijährigen Aufenthalt in La Flèche betrifft, können wir auf den ausführlichen Bericht verweisen, den uns sein Biograf E. C. Mossner (1980, S. 99–105) zu weiteren Informationen und Überlegungen an die Hand gibt. David Hume kommt also im Sommer 1735 dort, in der Nähe von Le Mans, an und wird zwei Jahre lang Gelegenheit haben, in der exzellenten Bibliothek[164] zu lesen und durchzuarbeiten, was wenige Jahre später in seinem umfangreichen *THN* zum Ausdruck kommt. So wird sehr wahrscheinlich J.B. du Haldes *Description [...] de la Chine* (1735, 1736) und, was nicht unwahrscheinlich ist, auch F. Noëls *Mengzi*-Version Gegenstand seiner Lektüre gewesen sein. Denn keinesfalls ist anzunehmen, dass du Haldes großes China-Werk dort nicht, sofort nach Erscheinen, in die Bibliothek aufgenommen worden ist. Noëls *Sinensis Imperii Libri Classici sex* mit der *Mengzi*-Textversion (1711 erschienen) wird wahrscheinlich ebenso in dieser höchst umfangreichen Bibliothek des Jesuitenkollegs (beide Autoren waren Mitglied des Ordens) zum Bestand gehört haben.[165] Somit könnte es auch noch die Lektüre des confucianistischen Klassikers *Mengzi* in den beiden vorhandenen Textversionen gewesen

163 Zitiert nach Fan Tsen-Chung, ibid. 10–11, dort mit weiterem Hinweis.

164 Siehe Ernest C. Mossner, *The Life of David Hume* (Oxford 1980) 100. Er informiert uns, dass im Jahr 1762 der Bibliotheksbestand etwa 40.000 Bände betrug. Ein Katalog für diese Zeit war nicht zu finden. Über die Bibliothek – offiziell von 1604 bis 1762 unter dem Namen *Bibliothèque du Collège royal d'Henri-le-Grand* (sous les Jésuites) – siehe J. Tallon, „La Bibliothèque du Prytanée Militaire de La Flèche", in *Revue des Bibliothèques* 24 (1914): 165–184, insbesondere bzgl. Humes Aufenthalt dort, siehe 169–170. Gute Gründe gibt es für die Annahme, dass die meisten (vielleicht nicht alle) der zahlreichen Texte in Sachen China und Missionstätigkeit in China zum Bibliotheksbestand gehörten.

165 D. F. Mungello, a.a.O. (1988) 267, gibt jedoch zu bedenken, dass es nicht leicht war, Noëls Werk zu lokalisieren; und dass es in Frankreich nicht weit verbreitet gewesen sei, betont er drei Jahre später an anderer Stelle noch einmal (a.a.O. 1991, 108). Vgl. W. Lühmann, *Konfuzius* (Wiesbaden 2003) 31–35. Das mag den Tatsachen durchaus entsprechen, gilt sicherlich aber nicht für das damalige theologisch-geisteswissenschaftliche Zentrum der Jesuiten mit ihrer weithin berühmten Bibliothek. Anzunehmen, dass Noëls Werk dort nicht vorhanden war, erschiene ziemlich abwegig. Allerdings könnte immer noch bezweifelt werden, dass David

sein, die – wie die Gegenüberstellung in Kapitel 4 ergeben hat – David Hume
erheblich beeinflusst hat, und zwar so erheblich, dass er in seinem Brief an
Michael Ramsay vom 26. August 1737 mit guten Gründen schreiben konnte:

> [...] as to the rest [of the „Parts of my Reasoning" (namely, the *moral* Parts)], they
> have so little Dependence on all former systems of Philosophy, that your natural
> Good Sense will afford you Light enough to judge of their Force & Solidity.[166]

Aus dem Kontext können wir erschließen, dass er (Hume) – wie im Zitat ergänzt – auf die *moralphilosophischen* Teile seines *THN* verwiesen hat,[167] die
kaum oder nur unwesentlich von „all former systems of Philosophy" abhängen; gemeint ist, von den *europäischen*, und zwar von der Antike bis zu seinen
namhaften Vorgängern und Zeitgenossen.

2.1 Sollte also seine moralphilosophische Argumentation *so wenig* von „all
former systems of Philosophy" abhängen, bezieht sich dieser kritische Rück-
blick auf die europäische Philosophie und nicht, unter Berücksichtigung seiner
transeuropäischen Kenntnisse, auf die damals in Europa bekannte chinesische
Philosophie. Denn seine Moraltheorie stimmt nach unseren bisherigen Er-
mittlungen in wesentlichen Argumenten mit dem fünfgliedrigen Moralkonzept des *Mengzi* überein. Europäische Systeme und ihre Sachwalter scheinen
ihm gegebenenfalls nur als Anknüpfungspunkte gedient zu haben. Offenbar
hat er besonders durch Anregung von P. Bayle in Verbindung mit chinesischem Gedankengut die hiesigen Lücken und Mängel der Moralphilosophie deutlich erkannt und diese dann unter chinesischem Einfluss beheben
können.

Die fünf Glieder des von Mengzi vertretenen Moralkonzepts sind zugleich die hauptsächlichen Komponenten der Übereinstimmung mit Humes
Moraltheorie. Im Folgenden werden diese in ihren moralphilosophisch relevanten Aussagen unter Bezugnahme auf die oben (in Kapitel 4) aufgedeckten

---

Hume, damals in La Flèche, die dort vorhandene Noëlsche *Mengzi*-Textversion gründlich
gelesen hat.

166 „Hume's letter to Michael Ramsay, 26 August 1737", in Ernest C. Mossner, *The Life of
David Hume* [Fn 151] 627.

167 Vgl. Ernest C. Mossner, ibid. 104 f.

11 Übereinstimmungen zwischen Hume und dem *Mengzi* kurz und knapp als fünf Fälle der Übereinstimmung zusammengefasst. Dabei ist beabsichtigt, die *Abhängigkeit* der (neuen) Moraltheorie von Hume primär von den französischen und sekundär (aber nicht weniger beachtlich) von den lateinischen *Mengzi*-Textstücken so deutlich wie möglich zum Ausdruck zu bringen. Im Weiteren werden die Anknüpfungspunkte an die europäische Philosophie in gebotener Kürze hervorgehoben und die markanten Unterschiede zwischen der europäischen und chinesischen Moralphilosophie in dem Maße betont, wie diese auch David Hume auffallen mussten.

Fall 1

Mengzi behauptet (M-duH1) – hier und im Folgenden wiedergegeben in der englischen Fassung „for Edward Cave" (1738): „There is none […] but receives from Nature a certain Tenderness of Heart, which gives them a sensibility of their Neighbours' misery." In der französischen Version (s.o.) steht „d'autrui", „their Neighbours (sic)" ist also eine Fehlübersetzung, die bei Hume nicht zum Ausdruck kommt. Richtig ist *of others' misery.* Hume formuliert diesen Gedanken sinngemäß, und zwar als Hypothese[168] wie folgt (unter Berücksichtigung der französischen Version): „We pity even strangers (i.e. we have „an aversion to [another's] misery"), and such [so fügt er verstärkend hinzu] as are perfectly indifferent to us […]." (*THN* 369, 382)

Fall 2

Wie die „Sensibility with which we are born" (M-duH2) entdeckt werden kann, verdeutlicht Mengzi durch einen Beispielsfall (M-duH3, Mem3), mit anderen Worten, „ex hoc uno experimento" (Mem2): „You see a Child all of a sudden ready to fall into a Well; your Heart is immediately touched [„protinus toto corde ad commiserationem commovetur" (Mem3)] and you fly to save it." Richtig übersetzt heißt es an dieser Textstelle bei du Halde anstatt von „to save it": *to his assistance.* Hume formuliert sein Gedankenexperiment entsprechend, und zwar, eingebunden in einen anderen Kontext, folgendermaßen:

---

168 Dabei folgt er der Methode Newtons, um mit Hilfe einer geeigneten *Hypothese* (zu Forschungszwecken!) und eines passenden *Experiments* zu einem nachprüfbaren, allgemein gültigen *Resultat* und daraus ggf. abzuleitenden weiteren *Konsequenzen* zu gelangen. Siehe auch Fn 120, 121, 122.

„[...] supposing I saw [ich sähe] a person perfectly unknown to me, who, while asleep in the fields, was [wäre] in danger of being trod under foot by horses, I shou'd [ich würde] immediately run to his assistance [...].“ (*THN* 2.2.9., S. 385) Über einen Handlungserfolg, der offenbar überhaupt keine Rolle spielt, wird in keinem der Textstücke, also auch nicht von Hume, irgendeine Bemerkung gemacht. Entscheidend für die spätere Moralbegründung ist allein die Feststellung eines natürlichen – spontanen, „disinterested“ – Impulses bei dem Beobachter. In M-duH3 wird bloß gesagt: „In unforeseen Events, and when there is no Time either for Reflection or Deliberation, it is genuine Nature that acts.“

Fall 3
Das Resultat des *Experiments* lautet: „Every Man naturally has a Compassion for the Unhappy. This Sentiment of Compassion is named Piety“ [*benevolence* i.S.v. *pietas seu amor* (s. Mem7)] und ist „intimately united to his Nature“ (M-duH7). Vgl. Mem9 i.V.m. Mem5, 6 und 7. Hume sagt schlicht und einfach: „[...] the happiness of strangers affects us by sympathy alone.“ (*THN* 619) Und im *EPM* (S. 220 Fn) sagt er: „No man is absolutely indifferent to the happiness and misery of others.“

Fall 4
Aus dem Resultat des *Experiments* ergeben sich *vier* beachtliche Folgerungen:

<u>*Erstens:*</u> Für Mengzi ist (in unserer Diktion) *sympathy with pain* die natürliche Grundlage und der <u>Anfang</u> von *benevolence*. Und dem entspricht David Hume mit seinen Aussagen.

<u>*Zweitens:*</u> *Benevolence* ist für Mengzi dementsprechend natürlich *(intrinsic)* und nicht künstlich *(extrinsic)* (s. M-duH4 und 5 i.V.m. Mem5–7). Bei Hume finden wir die sachlich korrespondierende Bemerkung: „Benevolence [...] arises from a great degree of misery, or any degree [of misery] strongly sympathiz'd with [...].“ (*THN* 387) Zu den natürlichen (intrinsischen) Tugenden zählt er *benevolence, generosity* und im weiten Sinne des Wortes *humanity* (Mitmenschlichkeit). Siehe *THN* 3.3.1.; *LG* 120; *EPM,* Sections I & II.

Drittens und *viertens:* Für Mengzi sind die Lehren des *extremen* Egoismus von Yam Chu (Yang chu / Yang shu) ebenso unhaltbar und verwerflich und daher zurückzuweisen wie die Lehren des *universalen* Altruismus von Me (M-duH8 und 9, Mem10–13). Korrespondierend vertritt Hume einen modifiziert gemäßigten (situativ eingeschränkten) Egoismus und lehnt die Auffassung eines dominierenden universalen Altruismus ab. Siehe Kapitel 4.7.

Fall 5

Für Mengzi ist *pietas* im Sinne von *benevolentia* die Kardinaltugend, also die erste und die wichtigste, auf die alle vier folgenden confucianistischen Tugenden bezogen sind. Gleich zu Beginn des *Mengzi* wird *pietas* im Sinne von *benevolence* vor *justice (equity)* betont. *Benevolence* und *justice* werden in dieser Reihenfolge als Inbegriff der Moral verstanden und gelehrt. Korrespondierend steht für Hume (aus der Natur des Menschen gottlos begründet) *benevolence* an erster und *justice* an zweiter Stelle. In dieser Reihenfolge, und so erstmalig und eindeutig in der europäischen Philosophie, werden von ihm beide *social virtues* als die *general principles of morals* verstanden und dementsprechend diskutiert (s. *EPM,* Sections I, II and IX).

2.2 Was also Humes moralphilosophische Argumentation betrifft, die nach seiner eigenen Aussage kaum von (europäischen) Vorgängern abhängt (siehe seinen Brief vom 26. August 1737), ist der Sachverhalt leicht nachvollziehbar. Spätestens im *EPM* und dort, wie bereits festgestellt, rückt er *benevolence* unverkennbar deutlich (in Anlehnung an den *Mengzi*) noch vor *justice* an die erste Stelle der *social virtues,* und dies in ebenso deutlichem Kontrast zu den vier platonischen Kardinaltugenden, unter denen *benevolence* nicht zu finden ist, geschweige denn an erster Stelle erscheinen würde. Angemessen kritisch verstärkt er den Kontrast noch dadurch, dass er Cicero, der die Einteilung in die vier Kardinaltugenden übernimmt, im gegebenen Kontext (Anhang IV) als Anknüpfungspunkt wählt und ihn gebührend zu Wort kommen lässt.

Wird nun *justice* (und *equity*), von Platon ausgehend und fortan in Europa, als die Basis der *social virtues* artikuliert, kommt *benevolentia* (i.V.m. *commiseratio*), von Spinoza vergleichsweise neuartig thematisiert, erst viel später *besondere* Aufmerksamkeit zu (vgl. aber in diese Richtung weisend Aristoteles' *Rhetorik,* 1385a). In der von Spinoza gegebenen Definition, nämlich „[…] *Benevolentia* […] nihil aliud *est, quam Cupiditas ex commiseratione orta"* (*Ethica* III, XXVII)[169], ist auch eine partielle Ähnlichkeit mit den einschlägigen Textstücken des *Mengzi* und David Humes (s. Kapitel 3 und 4) unschwer festzustellen, aber, Hume betreffend, tatsächlich keine weiter beachtliche Abhängigkeit, allenfalls ein weiterer Anknüpfungspunkt. In diesem Zusammenhang werden wir auch noch einmal daran erinnert, dass es P. Bayles chinakundlich auffälliger Spinoza-Artikel ist (s. Kapitel 1.3), auf den Hume auch in dem für uns gewichtigen Beweismittel, nämlich in seinem Brief vom 26. August 1737, verweist und somit zugleich einen Teil der auf Beeinflussung durch chinesisches Gedankengut hindeutenden Indizienkette liefert.

Zurück zur europäischen Antike, wo David Hume selbstverständlich für seine Moraltheorie Anknüpfungspunkte findet, aber auch eine auffällige Lücke, die er durch seine Gewichtung und dementsprechende Rangfolge im Katalog der *social virtues,* nämlich *benevolence* vor *justice,* wie soeben angedeutet, im *EPM* schließen kann. Anders als im *Mengzi* wird in der europäischen Antike Mitleid *(pity, compassion, commiseration, sympathy with pain)* zwar diskutiert und mitunter genau analysiert, dessen Wert insgesamt jedoch skeptisch-negativ beurteilt, z.B. bei Aristoteles in seiner *Rhetorik* (1385a-1386b).[170] Für Cicero (*Tusculan Disputations,* 4.8.18) ist Mitleid *(misericordia)* als Unwohlsein oder Kummer eher eine zu überwindende Krankheit und kaum lobenswert. Ähnlich sieht es Epictetus, worauf auch Hume selbst noch aufmerksam macht (*EPM* 319), um den oben bemerkten Kontrast zu seiner Sicht der Dinge zu betonen; dementsprechend hebt er hervor: „Epictetus (in „The Discourses, The Manual, […]", [LCL, Bd. 2, 1928, 1985, S. 497]) has scarcely ever mentioned the sentiment of humanity [i.S.v. *benevolence*] and compassion, but in order to put his disciples on their guard against it." Merklich milder (auch im Vergleich mit Seneca) fällt diesbezüglich die Sichtweise und Einstellung des römischen Kaisers Marcus Aurelius Antoninus in seinen *Selbstbetrachtungen* (engl.: *Meditations*) aus; er ist geneigt, dem Mengzi nicht unähnlich, uneigennützige Mitmenschlichkeit *(humanity, benevolence)* nicht zu verachten und die zu beobachtende Eigenschaft des Menschen zu Mitleid und Menschenliebe

---

169 Benedictus de Spinoza, *Ethica* (1677), in: *Opera,* lateinisch und deutsch, Bd. 2 (Darmstadt 1980) 300: „[…] Wohlwollen [also] nichts Anderes ist, als eine aus Mitleid entsprungene Begierde." (301)

170 Siehe hierzu und im weiteren Zusammenhang: Ulrich Kronauer (Hg.), *Vom Mitleid* (Frankfurt a. M. und Leipzig 1999) 11–22, 44–80.

mit Gerechtigkeit und Wohlwollen den Menschen gegenüber zu verbinden.[171] Auch das konnte David Hume nicht verborgen bleiben.

Insgesamt jedoch wird es der Kontrast zwischen der vorherrschenden Auffassung in der europäischen Moralphilosophie und der Position des Mengzi in der chinesischen Philosophie gewesen sein, der ihm bei der Lektüre der dokumentierten Textstücke (et cetera) auffallen musste. Er selbst macht auf einen Kontrast noch aufmerksam, indem er auf die alten *heidnischen* (also die nichtmonotheistischen) Positionen zu sprechen kommt, womit auch die der Chinesen gemeint sind. Insoweit sagt er, auf die nachantike europäische Philosophie überleitend, und zwar im vorletzten Abschnitt des *EPM* (Anhang IV): „In later times, philosophy of all kinds, especially ethics, have been more closely united with theology than ever they were observed to be among the heathens […].“ (*EPM* 322) Und genau dieser Sachverhalt hat erhebliche Konsequenzen bei der Moral-Theorienbildung in Europa (im Kontrast zu China), wie wir gesehen haben und wie David Hume wenige Zeilen weiter in diesem vorletzten Abschnitt, vorsichtig formulierend, dem Leser noch zu bedenken gibt.

Für seine eigene Theorie bieten auch europäisch-neuzeitliche Moralsysteme, darunter besonders das von Shaftesbury sowie das von Hutcheson und Butler auf der einen Seite und speziell das von Mandeville auf der anderen Seite, nicht zu übersehende Anknüpfungspunkte (und Lücken), die er natürlich nicht unbeachtet gelassen hat, ohne jedoch, wie er selbst sagt, durch diese „former systems of Philosophy“ (siehe seinen Brief vom 26. August 1737) in Abhängigkeit zu geraten. Mit Shaftesbury, dessen dreibändiges Werk *Characteristics of Men, Manners, Opinions, Times* (1711) Hume schon in Jugendjahren kennen und schätzen lernte, teilt er dessen zunächst nicht religiös begründete *moral sense*-Auffassung. Dem Menschen sei nämlich ein *fellow-feeling* angeboren, das sich zwischenmenschlich angenehm bemerkbar mache. Einen empirischen Beweis dafür gibt Shaftesbury allerdings nicht, also insbesondere nicht für *sympathy with pain* als Anfang von *benevolence*, und dies vielleicht auch deshalb nicht, weil er in Gott letztendlich – theologisch abgesichert – den Urheber zwischenmenschlichen Wohlwollens sieht. Darin unterscheidet sich sein *system* dann doch erheblich von dem David Humes.

---

171 Siehe Marcus Aurelius Antoninus, *The Communings with Himself [Meditations]*, LCL [1916] (London and Cambridge, MA 1970) 37; XIII, XXV.

Ähnliches gilt für die im Anschluss an Shaftesbury vertretenen *systems* von F. Hutcheson und von J. Butler, den damals schon berühmten Zeitgenossen David Humes zur Zeit seiner *composition* des *THN*. Denn Hutcheson behauptet schließlich, dass es Gott als Schöpfer der Natur ist, der den Menschen, ein Teil dieser Natur, durch *compassion* zu *benevolence* veranlasst, und zwar um sicher zu sein, dass zwischenmenschliche Hilfe unmittelbar auf menschenfreundlicher, Instinkt geleiteter Basis stattfinden kann. Auch hier findet Hume einen geeigneten Anknüpfungspunkt für seine Moraltheorie, die jedoch insgesamt betrachtet ebenso wenig von Hutcheson abhängt wie von Butler, der, für einen Theologen selbstverständlich, an Gott als Urheber von *benevolence* zwischen Menschen festhält.[172]

Eine weitere, aber markant andere Sichtweise der menschlichen Angelegenheiten vertritt der Europäer B. Mandeville in seinem *system* der Philosophie; auch das ist im Vergleich der europäischen Positionen hinlänglich bekannt,[173] so dass hier lediglich auf den Anknüpfungspunkt bei Mandeville für den Autor des *THN* im Zusammenhang mit seinem Gedankenexperiment aufmerksam gemacht werden soll. Es handelt sich um einen anderen beachtlichen und instruktiven Beispielsfall, den Mandeville als Beweis für seine unerschütterliche, rigorose Auffassung der egoistischen Natur des Menschen dem Leser zu bedenken gibt. Er sagt nämlich:

There is no Merit in saving an innocent Babe ready to drop into the Fire: The Action is neither good nor bad, and what Benefit soever the Infant received, we only obli-

---

172 Vgl. Stephen D. Hudson, *Human Character and Morality* (Boston, London, Henley 1986) 89.

173 Siehe J. L. Mackie, *Hume's Moral Theory* [1980] (London and New York 1993) 23–24 sowie über die Zusammenhänge zwischen Hume, Shaftesbury, Hutcheson und Butler, ibid. 13–15, 24–35, 35–43. Bzgl. Hume und Cicero sowie Hume und Hutcheson siehe auch bereits John Laird, *Hume's Philosophy of Human Nature* [1932], (New York and London, 2nd ed. 1983) 241–243, 214, 219, 234, 246. Über weitere informative und aufschlussreiche Aspekte in unserem Zusammenhang, und zwar in den Debatten des 18. Jahrhunderts über *compassion* und *sympathy* siehe Norman S. Fiering, „Irresistible Compassion", in *Journal of the History of Ideas* 37 (1976): 195–218; 197, 198ff, 202, 204–209, 212, 215. Siehe auch noch John B. Radner, „The Art of Sympathy in Eighteenth-Century British Moral Thought", in *Studies in Eighteenth Century Culture* 9 (1979): 189–210; 192–195, 197–199.

ged our selves; for to have seen it fall, and not strove to hinder it, would have caused a Pain, which self-preservation compell'd us to prevent [...].[174]

Soweit wir jetzt diesen Beispielsfall nur kurz vergleichsweise bedenken, können wir davon absehen zu prüfen, ob möglicherweise nicht auch Mandeville (und das gilt auch im Hinblick auf Hutcheson und Butler)[175] die *lateinische Mengzi*-Version (1711), insbesondere Mem3, gekannt hat. Der wichtige Unterschied für Hume zwischen dem Brunnenkind-Beispielsfall des Mengzi und dem von Mandeville gegebenen Beispielsfall liegt nun gerade darin, dass im Brunnenkind-Beispielsfall von einem egoistischen Handlungsmotiv keine Rede ist. Dort wird die Erregung zu *commiseration* beim Beobachter nicht dadurch motiviert gesehen, einen eigenen Nachteil (*pain,* welcher Art auch immer) zu vermeiden. Stattdessen wird lediglich festgestellt, dass jener Beobachter sofort (*unmittelbar*) von ganzem Herzen zu *commiseration* bewegt wird, weil ein natürlicher Herzenstrieb jenen plötzlich so in Erregung versetzt (s. Mem3). Auch von Verdienst (*merit*) ist bei Mengzi (wie auch bei Hume) keine Rede. So wird anders als bei Mandeville implizit zum Ausdruck gebracht, dass es anschließend darauf ankomme, dieses allen Menschen angeborene *Gefühl* zu erhalten und es nicht verkümmern zu lassen. Denn es ist der Anfang von *benevolence*. Und das ist im Ergebnis auch die Position David Humes, spätestens in aller Deutlichkeit im *EPM*, dort, wie schon im *THN*, unabhängig von „all former systems of [European] Philosophy" (Brief vom 26. August 1737).

2.3 Ich komme zum Schluss und fasse zusammen: David Hume hat sehr wahrscheinlich chinesisches Gedankengut aus den dokumentierten *Mengzi*-Textstücken (siehe Kapitel 3) *unbewusst* übernommen. In diesem Umfang ist seine (neue) Moraltheorie <u>auch</u> erheblich confucianistisch beeinflusst. Die Annahme einer zufälligen Übereinstimmung zwischen diesem chinesischen Gedankengut und seinen moralphilosophischen Kernaussagen scheidet aufgrund

---

174 Bernard Mandeville, *The Fable of the Bees* [1705, 1714, 1723], (ed. 1732, 2 vols., vol. 1 Oxford 1924, Reprint Indianapolis 1988) 56.
175 Was neben Hume und in diesem Fall noch Shaftesbury (etwa eine Generation vor Hume) betrifft, hat Nolan Pliny Jacobson, „The Possibility of Oriental Influence in Hume's Philosophy", in *Philosophy East and West* 19 (1969): 17–37; 35, behauptet (leider unsubstantiiert), dass Shaftesbury (wie auch Leibniz und Bayle) tatsächlich (und anerkanntermaßen) dem Einfluss „of Oriental philosophy" ausgesetzt gewesen sei.

der erörterten Beweislage (siehe Absatz 1) aus. Denn wir können jetzt mit guten Gründen davon ausgehen, dass er sich mit an Sicherheit grenzender Wahrscheinlichkeit verwertbare Kenntnisse des *Mengzi*, zunächst anhand der französischen Textversion, aneignen konnte. Diesbezüglich ist in Anbetracht der zahlreichen Indizien (siehe Kapitel 1.4 und 1.5 sowie hier Absatz 1) die gegebene Beweislage insgesamt eindeutig und ausreichend zur Stützung des Ergebnisses. Im Übrigen lässt die so genannte *hair-finger*-Analogie (siehe oben Kapitel 4.7) noch den Schluss zu, dass er auch die lateinischen *Mengzi*-Textstücke in La Flèche zur Vertiefung und Absicherung seiner Argumentation kennen gelernt hat.

Bei der Formulierung seiner moralphilosophischen Kernaussagen, die seine Moraltheorie konstituieren, hat er sich im Wesentlichen am Gehalt der genannten Textstücke des *Mengzi* orientiert. Dessen Argumentation und Beweisführung bezüglich *sympathy with pain* als *principle* (Anfang/Ursprung) von *benevolence* hat er sinngemäß (ohne Quellenhinweis) im *THN* ausformuliert und in folgenden Texten paraphrasierend zum Ausdruck gebracht. Dabei zeigt er, in der Hauptsache dem *Mengzi* entsprechend, dass das dem Menschen von Natur aus mitgegebene Gefühl für Schmerz und Leid *(sympathy with pain)* eines beliebigen anderen Menschen (und überhaupt eines anderen Lebewesens) nur schwach ausgeprägt ist und daher notwendig noch der Erziehung bedarf sowie unter Umständen weiterer erhaltender Maßnahmen wie beispielsweise Gesetzesnormen.

Die insoweit unscheinbare Lücke in der europäischen Moralphilosophie und die hier vorhandenen und erwähnten Anhaltspunkte für seine (neue) Moraltheorie einschließlich der Erforderlichkeit konsequenter Anwendung der empirisch-experimentellen Methode Newtons hat David Hume noch vor Abfassung oder spätestens im Zusammenhang mit der Niederschrift der moralphilosophischen Textteile des *THN* erkennen können. Die allgemeine und vielleicht die erste wirksame Anregung zur Lektüre chinesischer Moral- und Staatsphilosophie verdankte er nach Lage der Dinge wahrscheinlich dem Werk von Pierre Bayle. Er nämlich hat die europäische Moralphilosophie bahnbrechend radikal von der Theologie getrennt und anhand einer historisch gegebenen Datenlage aufzeigen können, dass auch ein gottloser Mensch ein guter (Mitmensch) sein könne. Hier konnte nicht nur Bayles Werk dem jungen David Stoff und Argumente für seine von religiösen Glaubensinhalten freie Moraltheorie bieten, sondern auch das hier möglich gewordene eigene Studium confucianistischen Gedankenguts (insbesondere das des *Mengzi*) in Verbindung mit weiteren nach Europa übermittelten Texten und den Berichten über das damals gegenwärtige, in religiösen Angelegenheiten prinzipiell und über einen längeren Zeitraum vorbildlich tolerante chinesische Kaiserreich.

So arbeitet David Hume an den frühen moralphilosophischen Teilen seines eigenen Werkes, und dies im Einklang mit dem damals besonders an China und allem Chinesischen interessierten Zeitgeist, und zwar unter den für ihn so günstigen Umständen eines dreijährigen Frankreichaufenthalts, davon zwei Jahre in La Flèche, mit gelegentlich wertvoller China-Lektüre, darunter sehr wahrscheinlich die beiden Bücher von J.B. du Halde und F. Noël mit den *Mengzi*-Versionen. Auf sein Werk konzentriert, komponiert und formuliert er also eine (neue) Moraltheorie in einer der besten Bibliotheken des damaligen Europas, ohne sich und dem späteren Leser seines *THN* (und *EPM*) über alle Einflüsse aus seinen vielen unterschiedlichen Quellen im Detail Rechenschaft zu geben.

In dieser Hinsicht aber war David Hume in seinem Zeitalter sicherlich kein Einzelfall. Denn kaum weniger Anregung verdankt vermutlich auch, um auf einen anderen Fall nur noch hinzuweisen, Jean-Jacques Rousseau chinesischem Gedankengut.[176] Ob Arthur Schopenhauer, seinerseits etwa hundert Jahre später auch erheblich durch den *Mengzi* beeinflusst,[177] ahnte, was seine beiden großen Vorbilder in Sachen Moralphilosophie dem *Mengzi* bereits verdankten?

---

[176] Siehe Ernest Richard Hughes, *The Great Learning & The Mean-in-Action* (New York 1943, reprinted edition published 1979) X, 2, 5ff, 14f, 17, 21–33, 176. Um eine instruktive und aufschlussreiche, wenngleich nicht erschöpfende Erörterung dieses nicht weniger spannenden Sachverhalts hat sich der Autor im ersten Kapitel seiner Einleitung verdient gemacht.
[177] Siehe Reinhard May, „Schopenhauers *global philosophy*, insbesondere in seiner Ethik. Zugleich ein neues Stück transeuropäischer Einflußforschung", in *Schopenhauer-Jahrbuch* 82 (2001): 83–98; 87–95.

Glossar

Confucius	*Kongzi*
Gaozi	*Meister Gao [Kao]*
Kao Tsu	*Gaozi*
Konfuzius	*Kongzi*
Kongzi	*Meister Kong / Confucius / Konfuzius*
Lun yu / Lunyu	*Die Gesammelten Worte [Gespräche] des Kongzi*
Memcius	*Mengzi / Mencius / Menzius*
Mencius	*Mengzi / Menzius / Memcius*
Mengzi	*Meister Meng / Mencius / Menzius / Memcius*
Mengzi	Das Werk [Buch] unter dem Namen Mengzi
Menzius	*Mengzi / Mencius / Memcius*
Me Tie	*Mo Di / Me tye / Mozi [Meister Mo]*
Me tye	*Mo Di / Me Tie / Mozi [Meister Mo]*
Mo Di	*Me Tie / Me tye / Mozi [Meister Mo]*
Mozi	*Meister Mo / Mo Di / Me Tie / Me tye*
Yam Chu	*Yang Zhu / Yang chu / Yang shu*
Yang chu	*Yang Zhu / Yam Chu / Yang shu*
Yang shu	*Yang Zhu / Yam Chu / Yang chu*
Yang Zhu	*Yam Chu / Yang chu / Yang shu*

Literaturverzeichnis

1 **Quellentexte:** Die *Mengzi*-Textversionen (in zeitlicher Reihenfolge)

Memcius (sic) / *Mengzi*

[F. Noël] Sinensis imperii liber quartus classicus *dictus* Memcius, *sinice* Mem Tsu, in: [F. Noël] Sinensis imperii libri classici sex, nimirum adultorum schola, immutabile medium, liber sententiarum, Memcius, filialis observantia, parvulorum schola, *e Sinico idiomate in latinum traducti* P. Francisco Noël, Societatis Jesu Missionario, Superiorum Permissu. Pragæ, Typis Universitatis Carolo-Ferdinandeæ, in Collegio Soc. Jesu ad S. Clementem, per Joachimum Joannem Kamenicky p.t. Factorem, Anno **1711**, S. 199–472.

Mengzi / *Mencius*

Meng Tsëe ou le livre de Mencius [...]. In Jean Baptiste du Halde (1735), *Description géographique, historique, chronologique, politique, et physique de l'empire de la chine et de la tartarie chinoise* (4 Bände). La Haye: Henri Scheurleer, **1736**, Bd. 2, S. 400–434.

Mengzi / *Mencius*

Meng tse, or the Book of Mencius [...]. In [Jean Baptiste du Halde, tr. Cave] *A Description of the Empire of China and Chinese-Tartary, together with the Kingdoms of Korea, and Tibet: Containing the Geography and History (natural as well as civil) of those countries. Enrich'd with general and particular maps, and adorned with a great number of cuts.* From the French of P. *J. B. du Halde, Jesuit: With* notes, geographical, historical, and *critical; and other improvements, particularly in the maps,* by the Translator. In two volumes. Volume I. London: Printed by T. Gardner in Bartholomew-Close, for EDWARD CAVE, at St. John's Gate. M DCCXXXVIII [**1738**], [Bd. 1] S. 424–441.

2 **Texte von David Hume** (in zeitlicher Reihenfolge)

– „Hume's Early Memoranda, 1729–1740: The complete text." Edited with Foreword by Ernest Campbell Mossner. In *Journal of the History of Ideas*. Vol. 9, 1948, S. 492–518.

– *The Letters of David Hume*. 2 volumes. Edited by J. Y. T. Greig. London – New York 1932; reprinted New York – London 1983.

– „Letter to Michael Ramsay, 26 August 1737". In Ernest C. Mossner, *The Life of David Hume* (1954). Oxford, 2nd ed. 1980, S. 626–627.

– *A Treatise of Human Nature: Being an attempt to introduce the experimental method of reasoning into moral subjects* (1739, 1740). Edited, with an Analytical Index, by Sir Lewis Amherst Selby-Bigge. Second edition with text revised and notes (and variant readings) by Peter Harold Nidditch. Oxford (1888), 1978. Auch in: David Hume. *The Philosophical Works*. Edited by Thomas Hill Green and Thomas Hodge Grose in 4 volumes. Reprint of the new edition London 1886 (volumes 1 and 2), Aalen 1964.

– „An Abstract of a Book Lately Published; entituled, *A Treatise of Human Nature, & c.* […]. London 1740. Siehe oben, *THN* [SB] S. 641–662.

– „Of the Study of History" (1741). In *Essays, Moral and Political*. Edinburgh 1741, S. 69–78. Auch in: [*Essays* (ed. Miller)] David Hume. *Essays, Moral, Political, and Literary*. Edited and with a Foreword, Notes, and Glossary by Eugene F. Miller (1985, 1987). With an apparatus of variant readings from the 1889 edition by T. H. Green and T. H. Grose. Revised edition: Indianapolis, Indiana: Liberty*Classics* – Liberty Fund 1987, S. 563–568. Und in *Essays*, PW 4, S. 388–391.

– „Of Superstition and Enthusiasm" (1741). In *Essays, Moral and Political*. Edinburgh 1741, S. 141–152. Auch in: *Essays* (ed.Miller), S. 73–79. Und in *Essays*, PW 3, S. 144–150.

– „Of the Dignity or Meanness of Human Nature" (1741). In *Essays* (ed. Miller), S. 80–86. Und in *Essays*, PW 3, S. 150–156.

– „Of the Rise and Progress of the Arts and Sciences" (1742). In *Essays, Moral and Political*. Volume II. Edinburgh 1742, S. 53–100. Auch in: *Essays* (ed.Miller), S. 111–137. Und in *Essays*, PW 3, S. 174–197.

– „A Letter from a Gentleman to His Friend in Edinburgh: Containing some observations on a specimen of the principles concerning RELIGION and MORALITY, said to be maintain'd in a book lately publish'd, intituled, *A Treatise of Human Nature, &c.*" Edinburgh 1745. In David Hume, *Abriß eines neuen Buches, betitelt:Ein Traktat über die menschliche Natur, etc.* (1740) [und] *Brief eines Edelmannes an seinen Freund in Edinburgh* [Englisch und Deutsch]. Übersetzt und mit einer Einleitung herausgegeben von Jens Kulenkampff. Hamburg 1980, S. 63–127.

– „Of National Characters" (1748). In *Three Essays, Moral and Political: Never before published*. London and Edinburgh 1748, S. 1–28. Auch in: *Essays* (ed. Miller), S. 197–215. Und in *Essays*, PW 3, S. 244–258.

– „Of the Original Contract" (1748). In *Three Essays, Moral and Political: Never before published*. London and Edinburgh 1748, S. 29–54. Auch in: *Essays* (ed. Miller), S. 465–487. Und in *Essays, PW* 3, S. 443–460.

– *An Enquiry concerning Human Understanding* (1748, 1777). In David Hume, *Enquiries concerning Human Understanding and concerning the Principles of Morals*. Reprinted from the 1777 edition with Introduction and Analytical Index by L. A. Selby-Bigge. Third Edition with text revised and notes by P. H. Nidditch. Oxford 1975, reprinted 1979, S. 1–165.

– *An Enquiry concerning the Principles of Morals* (1751, 1777). In David Hume, *Enquiries concerning Human Understanding and concerning the Principles of Morals*. Reprinted from the 1777 edition with Introduction and Analytical Index by L. A. Selby-Bigge. Third Edition with text revised and notes by P. H. Nidditch. Oxford 1975, reprinted 1979, S. 1–4, 167–323.

– „Of Commerce" (1752). In *Essays* (ed. Miller), S. 253–267. Auch in *Essays, PW* 3, S. 287–299.

– „Of Money" (1752). In *Essays* (ed. Miller), S. 281–294. Auch in *Essays, PW* 3, S. 309–320.

– „Of the Balance of Trade" (1752). In *Essays* (ed. Miller), S. 308–326. Auch in *Essays, PW* 3, S. 330–345.

– „Of the Populousness of Ancient Nations" (1752). In *Essays* (ed. Miller), S. 377–464. Auch in *Essays, PW* 3, S. 381–443.

– „A Dissertation on the Passions" (1757). In *Essays, PW* 4, S. 137–166.

– „The Natural History of Religion" (1757). In *Essays, PW* 4, S. 309–363. Deutsche Ausgabe: Die Naturgeschichte der Religion. Übersetzt und herausgegeben von Lothar Kreimendahl. Hamburg 1984, S. 1–72.

– „Of the Standard of Taste" (1757). In *Essays* (ed. Miller), S. 226–249. Auch in *Essays, PW* 3, S. 266–284.

3 Sekundärliteratur

Albrecht, Michael. „Einleitung". In Christian Wolff, *Oratio de Sinarum philosophia practica / Rede über die praktische Philosophie der Chinesen*. Lateinisch-Deutsch. Hamburg 1985, S. IX–LXXXIX.

Appelton, William W. *A Cycle of Cathay. The Chinese Vogue in England during the Seventeenth and Eighteenth Centuries*. New York 1951, Reprint 1979.

Ayer, A. J. *Hume*. Oxford 1980.

Bayle, Pierre. *Historical and Critical Dictionary, Selections*. Translated by R. H. Popkin and Craig Brush [1965]. Indianapolis, Indiana 1991.

– *The Dictionary Historical and Critical of Mr Peter Bayle (1734–1738)*. [Mr Bayle's Historical and Critical Dictionary, 5 Volumes] Reprint of the 1734 edition, being a revised version of the first English translation of Bayle's Dictionary 1710 in five volumes [Orig.

Pierre Bayle, *Dictionnaire historique et critique (1697)*, 2nd ed. Rotterdam 1702]. London 1997.

Birnbacher, Dieter. *Verantwortung für zukünftige Generationen*. Stuttgart 1988.

Budde, Torsten. *Über das pädagogische Interesse an China im 17. und 18. Jahrhundert*. Düsseldorf 1997 [unveröffentlichte Magisterarbeit].

Cave, Edward [Tr. Cave]. Siehe unter Halde [Jean Baptiste du Halde].

Ching, Julia / Oxtoby, Willard G. „Introduction". In Julia Ching and Willard G. Oxtoby (eds.), *Discovering China. European Interpretations in the Enlightenment*. Rochester, NY 1992, S. xi-xxxi.

Clarke, John James. *Oriental Enlightenment. The Encounter Between Asian and Western Thought*. London and New York 1997.

Cook, Daniel J. / Rosemont Jr., Henry. „The Pre-established Harmony Between Leibniz and Chinese Thought" (1981). In Julia Ching and Willard G. Oxtoby (eds.), *Discovering China. European Interpretations in the Enlightenment*. Rochester, NY 1992, S. 82–96. Auch in: Alexander Lyon Macfie (ed.), *Eastern Influences on Western Philosophy. A Reader*. Edinburgh 2003, S. 55–68.

Davies, Walter W. „China, the Confucian Ideal, and the European Age of Enlightenment" (1983). In Julia Ching and Willard G. Oxtoby (eds.), *Discovering China. European Interpretations in the Enlightenment*. Rochester, NY 1992, S. 1–26.

Dawson, Raymond. *The Chinese Chameleon. An Analysis of European Conceptions of Chinese Civilization*. London 1967.

Demel, Walter. „China in the Political Thought of Western and Central Europe, 1570–1750". In Thomas H.C. Lee (ed.), *China and Europe. Images and Influences in Sixteenth to Eighteenth Centuries*. Hong Kong 1991, S. 45–64.

Epictetus. *The Discourses as reported by Arrian, The Manual, and Fragments* [Greek-English]. With an English translation by W.A. Oldfather. In two volumes. Vol. 2: The Discourses, book III and IV, the Manual, and the Fragments. Cambridge, Mass. and London (LCL) 1928, Reprint 1985.

Fan Tsen-Chung. *Dr. Johnson and Chinese Culture*. London: The China Society, 1945.

Fiering, Norman S. „Irresistible Compassion. An Aspect of Eighteenth-Century Sympathy and Humanitarianism". In *Journal of the History of Ideas*. Vol. 37, 1976, S. 195–218.

Flewelling, Ralph Tyler. „China and the European Enlightenment". In *The Personalist*. Vol. XVIII, 1937, S. 9–26.

Foss, Theodore Nicholas. „Reflections on a Jesuit Encyclopedia: Du Halde's *Description [...] de la Chine* (1735)". In *Actes du III.e Colloque International de Sinologie*. Paris 1983, S. 67–77.

Franke, Wolfgang. *China und das Abendland*. Göttingen 1962.

Fung Yu-lan. *A History of Chinese Philosophy*. Volume II: *The Period of Classical Learning* (From the second century B.C. to the twentieth century A.D.). Translated by Derk Bodde. With introduction, notes, bibliography and index. Princeton 1953, 7th reprint 1973.

- *A Short History of Chinese Philosophy.* Edited by Derk Bodde (1948). New York [Free Press Paperback Edition] 1966.

Geldsetzer, Lutz / Hong Han-ding. *Grundlagen der chinesischen Philosophie.* Stuttgart 1998, 2. Auflage 2008.

Gernet, Jacques. *China and the Christian Impact. A Conflict of Cultures.* Cambridge 1985. [Übersetzung aus dem französischen Original: *Chine et Christianisme, action et réaction.* Paris 1982].

Guy, Basil. „The French image of China before and after Voltaire". In *Studies on Voltaire and the Eighteenth Century.* Volume 21. Genève 1963. Published by the Voltaire Foundation at the Taylor Institution. Oxford [The Estate of Theodore Besterman] 1978.
- „Voltaire, Sinophile". In Alexander Lyon Macfie (ed.), *Eastern Influences on Western Philosophy.* A Reader. Edinburgh 2003, S. 83–109.

du Halde, Jean Baptiste. *A Description of the Empire of China [...].* Tr. Cave. London 1738 [Siehe unter Quellentexte *Mengzi/Mencius*].

Harrison, John / Laslett, Peter. *The Library of John Locke.* Oxford, 2nd ed. 1971.

Henderson, George David. *Chevalier Ramsay.* London [...] 1952.

Hobbes, Thomas. *Leviathan* [1651]. Edited with an introduction by C. B. Macpherson. Harmondsworth, Middlesex, England 1968.

Hsia, Adrian (Hg.). *Deutsche Denker über China.* Frankfurt a. M. 1985.

Hudson, G. F. „China and the World: A summary of intellectual and artistic influences". In Raymond Dawson (ed.), *The Legacy of China.* Oxford 1964, S. 340–363.

Hudson, Stephen D. *Human Character and Morality. Reflections from the History of Ideas.* Boston, London, Henley 1986.

Hughes, Ernest Richard. *The Great Learning & The Mean-in-Action.* Newly translated from the Chinese, with an introductory essay on the history of Chinese philosophy. New York 1943, Reprint 1979.

Jacobson, Nolan Pliny. „The Possibility of Oriental Influence in Hume's Philosophy". In *Philosophy East and West.* Vol. 19, 1969, S. 17–37. Auch in: Alexander Lyon Macfie (ed.), *Eastern Influences on Western Philosophy.* A Reader. Edinburgh 2003, S. 110–129.

Kern, Iso. „Die Vermittlung chinesischer Philosophie in Europa". In Jean-Pierre Schobinger (Hg.), *Grundriss der Geschichte der Philosophie.* Die Philosophie des 17. Jahrhunderts, Bd. 1: Allgemeine Themen, Iberische Halbinsel, Italien. Basel 1998, S. 225–295.

Kronauer, Ulrich (Hg.), *Vom Mitleid:Die heilende Kraft.* Frankfurt a. M. und Leipzig 1999.

Lach, Donald F. „China and the Era of the Enlightenment". In *Journal of Modern History.* Vol. 14, 1942, S. 209–223.
- „China in Western Thought and Culture". In *Dictionary of the History of Ideas.* 4 volumes. New York 1968, S. 353–373.
- „Leibniz and China" (1945). In Julia Ching and Willard G. Oxtoby (eds.), *Discovering China. European Interpretations in the Enlightenment.* Rochester, NY 1992, S. 97–116.
- *The Preface to Leibniz'* Novissima Sinica. *Commentary, Translation, Text.* Honolulu 1957.

- „The Sinophilism of Christian Wolff (1679–1754)" (1951/1953). In Julia Ching and Willard G. Oxtoby (eds.), *Discovering China. European Interpretations in the Enlightenment*. Rochester, NY 1992, S. 117–130. Auch in: Alexander Lyon Macfie (ed.), *Eastern Influences on Western Philosophy*. A Reader. Edinburgh 2003, S. 69–82.

Lach, Donald F. / Edwin J. van Kley. *Asia in the Making of Europe*. Volume III: *A Century of Advance*. Book 4: *East Asia*. Chicago and London 1993.

Laird, John. *Hume's Philosophy of Human Nature* (1932). New York and London, 2nd ed. 1983.

Lau, D. C. *Mencius*. Translated with an Introduction (1970, 2003). London, revised ed. 2004.

Lee, Eun-Jeung. *„Anti-Europa"*. *Die Geschichte der Rezeption des Konfuzianismus und der konfuzianischen Gesellschaft seit der frühen Aufklärung. Eine ideengeschichtliche Untersuchung unter besonderer Berücksichtigung der deutschen Entwicklung*. Münster – Hamburg – London 2003.

Legge, James. *The Chinese Classics*. Vol. II: *Mencius* (1861). Reprint: Hong Kong 1960, 1970.

Leites, Edmund. „Confucianism in Eighteenth-century England: Natural Morality and Social Reform". In *Philosophy East and West*. Vol. 28, 1978, 143–159.

Lewis and Short. *A Latin Dictionary* (1879). Oxford 1984.

Liu Xiusheng. „Mencius, Hume, and Sensibility Theory". In *Philosophy East and West*. Vol. 52, 2002, S. 75–97.

- *Mencius, Hume and the Foundations of Ethics*. Aldershot, Hampshire (England) 2003.

Lühmann, Werner. *Konfuzius. Aufgeklärter Philosoph oder reaktionärer Moralapostel? Der Bruch in der Konfuzius-Rezeption der deutschen Philosophie des ausgehenden 18. und beginnenden 19. Jahrhunderts*. Wiesbaden 2003.

Lundbæk, Knud. „The First European Translations of Chinese Historical and Philosophical Works". In Thomas H. C. Lee (ed.), *China and Europe. Images and Influences in Sixteenth to Eighteenth Centuries*. Hong Kong 1991, S. 29–43.

Macfie, Alexander Lyon. „Introduction". In Alexander Lyon Macfie (ed.), *Eastern Influences on Western Philosophy*. A Reader. Edinburgh 2003, S. 1–28.

Mackie, John Leslie. *Ethics. Inventing Right and Wrong* (1977). London 1990.

- *Hume's Moral Theory*. London and New York 1980, Reprint 1993.

Mandeville, Bernard. *The Fable of the Bees: Or, Private Vices, Publick Benefits* (1705, 1714, 1723), ed. 1732 by F. B. Kaye, two volumes. Oxford 1924, Reprint Indianapolis, Indiana 1988.

Marcus Aurelius Antoninus. *The Communings with Himself* [Meditations], together with *His Speeches and Sayings* [Greek-English]. A revised text and a translation into English by C. R. Haines. London and Cambridge, Mass. [The Loeb Classical Library, 1916], Reprint 1970.

Maverick, Lewis A. „A Possible Chinese Source of Spinoza's Doctrine". In *Revue de Littérature Comparée*. Vol. 19, 1939, 417–428.

- *China a Model for Europe*. San Antonio, Texas 1946.

May, Reinhard. „Schopenhauers *global philosophy*, insbesondere in seiner Ethik. Zugleich ein neues Stück transeuropäischer Einflußforschung". In *Schopenhauer-Jahrbuch*. Band 82, 2001, S. 83–98.

McGilvary, Evander Bradley. „Altruism in Hume's *Treatise*". In *Philosophical Review*. Vol. XII, 1903, S. 272–298.

Mengzi/Memcius/Mencius, siehe oben, Quellentexte.

Mercer, Philip. *Sympathy and Ethics. A study of the relationship between sympathy and morality with special reference to Hume's* Treatise. Oxford 1972.

Miller, Eugene F. (ed.). *David Hume. Essays*. Siehe unter *Texte von David Hume.*

Montaigne, Michel de. *Œuvres complètes* (1595). Bibliothèque de la Pléiade [Ausgabe von Albert Thibaudet und Maurice Rat, 1962]. Paris 1967. Siehe auch die *englische* Ausgabe: *Essays*. Translated with an Introduction by J.M. Cohen. Harmondsworth, Middlesex, England 1958, Reprint 1985.

Mossner, Ernest Campbell (ed.). *Hume's Early Memoranda*. Siehe unter *Texte von David Hume.*

Mossner, Ernest Campbell. *The Life of David Hume* (1954). Oxford, 2nd ed. 1980.

Mungello, David E. „Chinese and Western Intellectual History" (1979). In Julia Ching and Willard G. Oxtoby (eds.), *Discovering China. European Interpretations in the Enlightenment*. Rochester, NY 1992, S. 176–188.

– „Confucianism in the Enlightenment: Antagonism and Collaboration between the Jesuits and the Philosophes (sic)". In Thomas H.C. Lee (ed.), *China and Europe. Images and Influences in Sixteenth to Eighteenth Centuries*. Hong Kong 1991, S. 99–127.

– *Leibniz and Confucianism. The Search for Accord.* Honolulu 1977.

– „Malebranche and Chinese Philosophy" (1980). In Julia Ching and Willard G. Oxtoby (eds.), *Discovering China. European Interpretations in the Enlightenment*. Rochester, NY 1992, S. 54–81. Auch in: Alexander Lyon Macfie (ed.), *Eastern Influences on Western Philosophy*. A Reader. Edinburgh 2003, S. 29–54.

– „The Seventeenth-Century Jesuit Translation Project of the Confucian Four Books". In Charles E. Ronan, S.J. and Bonnie B.C. Oh (eds.), *East Meets West. The Jesuits in China, 1582–1773*. Chicago 1988, S. 252–272.

Nakamura, Hajime. *Parallel Developments. A Comparative History of Ideas*. Tokyo – New York 1975. *Second edition* unter dem Titel: *A Comparative History of Ideas*. London [...] 1986.

– *Ways of Thinking of Eastern Peoples: India – China – Tibet – Japan* (1964). Honolulu, 5th ed. 1971.

Osterhammel, Jürgen. *Die Entzauberung Asiens. Europa und die asiatischen Reiche im 18. Jahrhundert*. München 1998.

Pascal, Blaise. *Pensées* (par Victor Giraud). Paris o.J.

Pichler, Aloys. *Die Theologie des Leibniz*. Erster Teil. München 1869.

Popkin, Richard H. „Introduction to *The Dictionary Historical and Critical of Mr Peter Bayle*" [s. unter Bayle Pierre]. London 1997, S. v-xiv.

Radner, John B. „The Art of Sympathy in Eighteenth-Century British Moral Thought". In *Studies in Eighteenth Century Culture*. Vol. 9, 1979, S. 189–210.

Ravier, Emile. *Bibliographie des Œuvres de Leibniz*. Paris 1937.

Rowbotham, Arnold H. „China and the Age of Enlightenment in Europe". In *The Chinese Social and Political Science Review*. Vol. XIX, 1935, S. 176–201.

– „The Impact of Confucianism on Seventeenth Century Europe". In *The Far Eastern Quarterly*. Vol. 4, 1945, S. 224–242.

– „The Jesuit Figurists and the Eighteenth-Century Religious Thought" (1956). In Julia Ching and Willard G. Oxtoby (eds.), *Discovering China. European Interpretations in the Enlightenment*. Rochester, NY 1992, S. 39–53.

Rule, Paul A. *K'ung-tzu or Confucius? The Jesuit Interpretation of Confucianism*. Sydney – London – Boston 1986.

Selby-Bigge, L. A. „Introduction". In David Hume: *Enquiries concerning Human Understanding and concerning the Principles of Morals*. Oxford, 3rd ed. 1975, Reprint 1979.

Smith, Norman Kemp. *The Philosophy of David Hume. A critical study of its origins and central doctrines* (1941). London, New York 1964.

Spence, Jonathan. *The Chan's Great Continent. China in Western Minds* (1998). Harmondsworth, Middlesex, England 1999.

Spinoza, Benedictus de. *Ethica* (1677). In Opera, lateinisch und deutsch. Band 2: *Tractatus [...] und Ethica* (1967). Darmstadt, 3. Auflage 1980.

Streminger, Gerhard. *David Hume. Sein Leben und sein Werk*. Paderborn 1994.

– „Einleitung". In David Hume, *Eine Untersuchung über die Prinzipien der Moral*. Übersetzt und herausgegeben von Gerhard Streminger. Stuttgart 1984, S. 3–84.

Tallon, J. „La Bibliothèque du Prytanée Militaire de La Flèche". In *Revue des Bibliothèques*. Band 24, 1914, 165–184.

The Shorter Oxford English Dictionary [abgekürzt: Sh. O. E. D.]. 1933, 3rd ed. 1944, reprinted with corrections 1972, 1975. Oxford 1987.

Weststeijn, Thijs. „Spinoza sinicus: An Asian Paragraph in the History of the Radical Enlightenment". In *Journal of the History of Ideas*. Vol. 68, 2007, S. 537–561.

Witek, John W., S. J. *Controversial Ideas in China and Europe. A Biography of Jean-François Foucquet, S. J.* Roma [Institutum Historicum S. J.] 1982.

Wolff, Christian. *Oratio de Sinarum philosophia practica / Rede über die praktische Philosophie der Chinesen* (1726). Lateinisch-Deutsch. Übersetzt, eingeleitet und herausgegeben von Michael Albrecht. Hamburg 1985.

Vitz, Rico. „Sympathy and Benevolence in Hume's Moral Psychology". In *Journal of the History of Philosophy*. Vol. 42, 2004, S. 261–275.

Zempliner, Artur. „Die chinesische Philosophie und J. Ch. Wolff". In *Deutsche Zeitschrift für Philosophie*. Band 10, 1962, S. 758–778.

Zimmermann, Gertrud. *Die Soziologie David Humes als Ergebnis der Egoismus-Altruismus Debatte* [Dissertation]. Mannheim 1982.

Franz Steiner Verlag

Rüdiger Voigt / Ulrich Weiß (Hg.)
Handbuch Staatsdenker
Unter Mitarbeit von
Krisztina Adorján

2011.
462 S.
Kart.
ISBN 978-3-515-09934-9

Rüdiger Voigt / Ulrich Weiß (Hg.)

Handbuch Staatsdenker

Unter Mitarbeit von Krisztina Adorján

Ausgangspunkt des Handbuchs ist ein staatswissenschaft-
licher Ansatz, der das Staatsdenken mit geistes- und sozial-
wissenschaftlichen Mitteln analysiert. Anhand der wichtigsten Staatsphilosophen und -theoretiker sowie ausge-
wählter Staatspraktiker führen die Artikel in alle Facetten
des Staatsdenkens ein. Dabei kommen philosophische,
theologische, juristische, historische, politische und sozio-
logische Gesichtspunkte zur Sprache. Eine epochenspezifi-
sche Systematik ist nicht vorgegeben, vielmehr werden die
Staatsdenker in alphabetischer Reihenfolge behandelt, um
Vergleiche über alle Epochen, Kulturkreise und Ausrichtun-
gen hinweg zu erleichtern. Dazu folgen alle Einzelbeiträge
einem durchgängigen Gliederungsprinzip.
Das Handbuch, das nun auch als broschierte Studienaus-
gabe vorliegt, dient in erster Linie als Nachschlagewerk,
bietet sich aber auch als staatswissenschaftliches Lehrbuch
an.

AUS DER PRESSE
„Ein gehaltvolles Kompendium zu fast 200 Denkern. […]
Eine sehr gelungene Kompilation."
Portal für Politikwissenschaft

....

Rüdiger Voigt

Rüdiger Voigt ist Politik- und Rechtswissenschaftler.
Zurzeit beschäftigt er sich mit Fragen der Staatstheorie, der
Kriegsforschung und der Visualisierung von Politik.

Ulrich Weiß

Ulrich Weiß hat einen Lehrstuhl für Politische Theorie an
der Universität der Bundeswehr München und lehrt an der
Hochschule für Politik München.

....

Franz Steiner Verlag
Birkenwaldstr. 44 · D – 70191 Stuttgart
Telefon: 0711 / 2582 – 0 · Fax: 0711 / 2582 – 390
E-Mail: service@steiner-verlag.de
Internet: www.steiner-verlag.de